JN303496

はじめに

　この本で紹介する〈和風ペン立て〉の完成品を見た人は，「きれいなペン立てだなぁ」「かわいいペン立てですね」——そんな風に第一印象を伝えてくれます。

　「これは上手な人がつくった作品で，自分にはこんなに上手につくることはできないだろうな……」

　中には，そう感じてしり込みしてしまう人がいるかもしれません。でも，そんな心配は無用です。本書のとおりにつくっていけば，だれでも美しい〈和風ペン立て〉をつくることができます。

　実はこの〈和風ペン立て〉は，ふつうの牛乳パック1個が主な材料になっています。四角い形の牛乳パックにハサミで切りこみを入れて折り曲げます。それだけで見事な美しい曲線が生まれます。完成したペン立てを見ただけでは，とても牛乳パックでつくってあるとは思えないほどです。

　形の美しさだけではありません。「使いやすさ」「見た目の華やかさ」そして一番重要な「つくりやすさ」など，このペン立てづくりにはいろいろな工夫がたくさんこらしてあります。その一つひとつをここで説明してしまうと，「これからつくろう」とする人たちのたのしみが減ってしまうので書きません。

　まずは7ページからの〈製作の手引き〉にある図と説明文にしたがって，ぜひ自分でつくってみてください。そうしたら，きっと「〈和風ペン立て〉についてくわしく知りたいな」と思うようになるでしょう。そのときは25ページからの「解説」なども合わせて読んでいただくといいと思います。

　　　　　　　　　　　　　　　　　　　　　　　　黒田康夫

もくじ

はじめに　1

和風ペン立てのつくりかた ――― 3

準備するもの　4／新聞紙（おもり用）の裁断方法　6／配布プリント〈和風ペン立て　製作の手引き〉　7／型紙　23

和風ペン立ての解説 ――― 25

授業をはじめる前に　26／授業運営法について　27／プランのねらい　27／同じ手順で同じものを　28／授業の進め方　29／作り方の補足　29

和風ペン立てのプランができるまで ――― 35

〈和風ペン立て〉との出会い　36／口伝えで伝承されてきた〈小物入れ〉　37／和風ペン立ての魅力が見えた　38／設計図を模索する　39／困難な部分は教師が準備する　40／美しい千代紙　42／紙に木工用ボンド？　43／うまいことを考えた　44／子どもたちの柔軟な発想　45／「型」を求めて　45

和風ペン立てと子どもたち ――― 47

楽しさの評価　48／子どもたちの感想　48／たのしいことを基準にして考えていく　51／イメージが豊かに思い描けるような説明をしたい　53／実際にやって見せることを基本に　54

あとがき　56

■装丁：街屋（平野孝典）　■本文写真：さとうあきら，泉田謙

　本書は，小・中学校の図工・美術の授業でおこなうことを念頭においてつくりました。しかし，「中学校の技術家庭科」「高校の書道」など，教科・学年を問わず多くの方が授業で取り上げてくださっています。また，自分で楽しむために作ってくださる方もいます。つまり，「和風ペン立て」は子どもたちだけでなく，大人にとってもじゅうぶんにたのしめる教材なのです。多くの方に満足していただけるものと確信しておりますが，もしお気づきのことがあったら，ぜひ教えてくださるよう，お願いいたします。

和風ペン立ての
つくりかた

準備するもの

①「製作の手引き」（本書7～22ページ）：1人1部

　子どもたちに配ることを念頭に置いて，作り方の手順と説明が図解入りで詳しく解説してあります。このままプリントして，一人ひとりに配ってください。

②千代紙：1人につき28cm×28cmのもの1枚

　「美しい紙」であることが決定的に重要です。素材は和紙のものを使ってください。「28cm×28cm」であると，もっとも作りやすいはずですが，1人分「7cm×14cm」の長方形が8枚とれれば良いのです。その条件が満たされるなら，上の寸法や形にこだわる必要はありません。

　千代紙は非常にたくさんの種類の柄がありますが，どの柄で作ってもたいていは美しいものが作れます。しかし，「こだわりたい子」のために，何種類か用意すると良いでしょう。

　今ぼくが使っているのは，「和紙友禅紙（32cm角）2枚入り」（473円・送料別，株式会社松田商店 ☎075-221-0602）です。柄の指定はできません。この他，大きな文房具店や紙専門店，東急ハンズ，インターネットなどでも手に入ります。

③牛乳パック（1リットルのもの）：1人1個

　中学校では，「持ってきてください！」と呼びかけても持ってきてくれない子が多いため，ぼくは授業をするかなり前からコツコツ自分で準備することにしています。「牛乳パックぐらい持って来てくれよ！」とボヤきたくなることもありますが，「授業で使うのなら，牛乳パックぐらい先生が用意してよ！」と子どもたちは思っているのかもしれません。

　図工・美術の授業全般に共通することですが，「使う材料はいつも多め」に準備してください。そうすれば，子どもたちが失敗したときにも笑顔で対応できます。

④短冊状にした古新聞紙（40cm×6cm）：1人64枚

　「おもり」として使います。裁断の方法は，6ページを参照。

⑤製本テープ（幅35mm，黒色）：1人30cm

　ぼくが使ったのはプラス製のもの（35mm×12m，735円）。これ1箱で約40人分です。ちょっと大きめの文房具店で買えます。

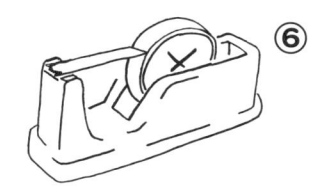

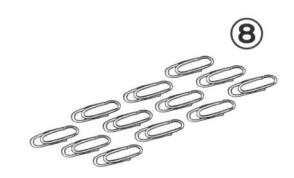

⑥ セロハンテープ
　　ぼくは,「18mm×36m」の普通のテープを使っています。
　　1人が使う分量は,「約3メートル」です。製作時,班に1つは卓上型のテープカッターがあると効率的です。

⑦ 木工用ボンド
　　「木工用」ならどんなものでも良いです。ぼくが使っているのは,「ボンド木工用らくらくパック・1kg」(コニシ,577円)で,1クラス36人の場合,その3分の2ほどを使います。牛乳パックを切り開いたものを班ごとに用意して,そこにボンドを「どばっ」と出します。

⑧ ゼムクリップ：1人12個
　　接着面を固定します。ボンド＋ゼムクリップのかわりに,両面テープを使ってもいいです。

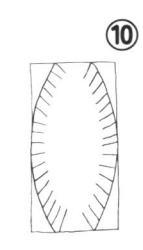

⑨ 広告チラシや,白上質紙など：1人2〜3枚
　　千代紙にボンドを塗るときに,下に敷きます。

⑩ 23ページの型紙を印刷した上質紙：1人1枚
　　千代紙に重ねて切るための型紙です。23ページの型紙で3人分。

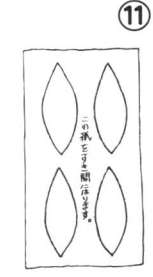

⑪ 24ページの型紙を印刷したケント紙：1人1枚
　　ペン立ての四隅のすき間に貼るためのものです。切り抜いて使います。24ページの型紙で3人分。

⑫ 定規：1人1本
　　10cmの長さが測れるもの。

⑬ ハサミ：1人1つ

⑭ 筆記用具（ボールペンなど）：1人1本

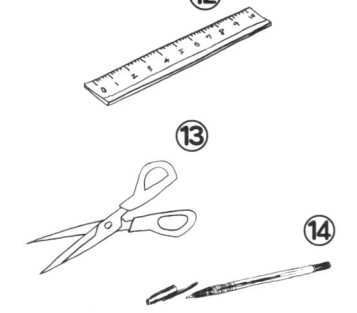

新聞紙（おもり用）を裁断する方法

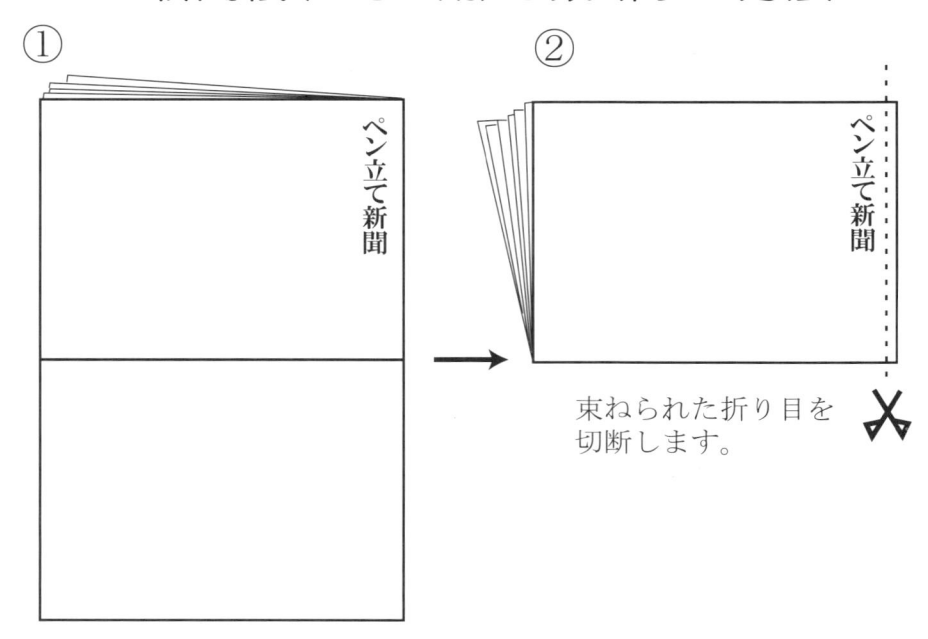

① ②

束ねられた折り目を切断します。

③ はば「6cm」に切りそろえます。

＊長さは，1cm以内の誤差なら問題ありません。
神経質に切りそろえる必要はありません。

④ 二つ折り4ページの新聞紙1枚で，下のような短冊を18枚作ることができます。
1人分，64枚が必要です。

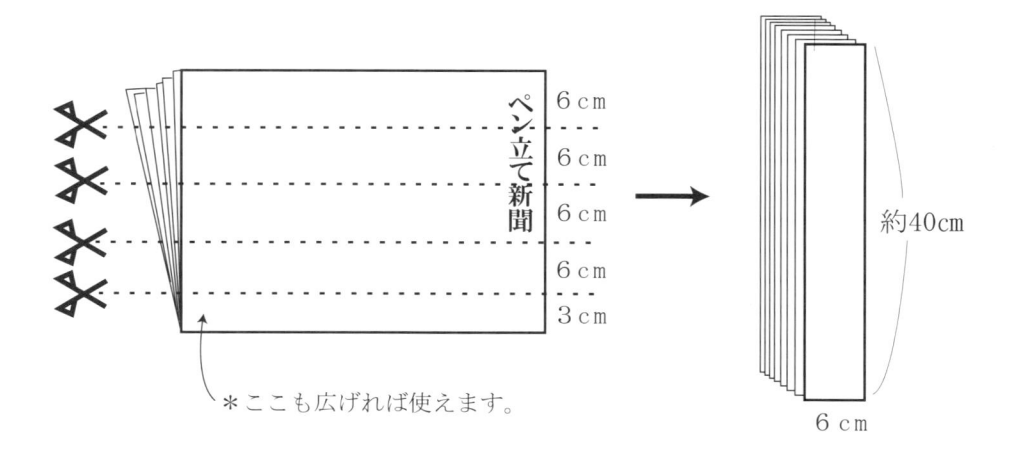

6cm
6cm
6cm
6cm
3cm

＊ここも広げれば使えます。

約40cm
6cm

〈製作の手引き〉
和風ペン立て

　みなさんは，身近にある「空き箱」や「ハサミ」や「のり」「セロハンテープ」といった材料と道具を使って，何か〈役に立つもの〉を作ったことがありますか？

　これから一緒に牛乳パックを使って，ペン立てを作ってみましょう。

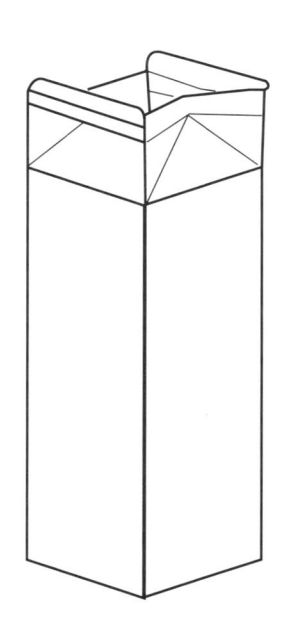

1 牛乳パックの注ぎ口を全開にしましょう。

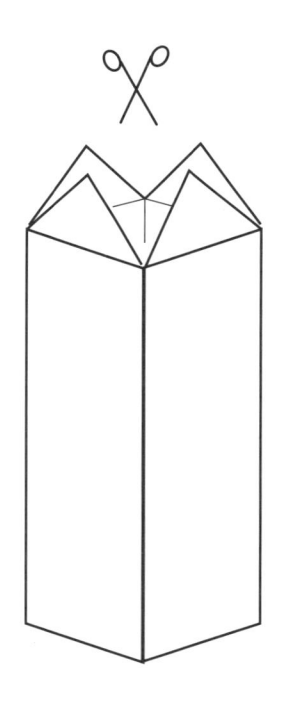

2 注ぎ口にある線をたよりにして，図のように三角形にハサミで切ります。
線のない面はだいたいでかまいません。

3

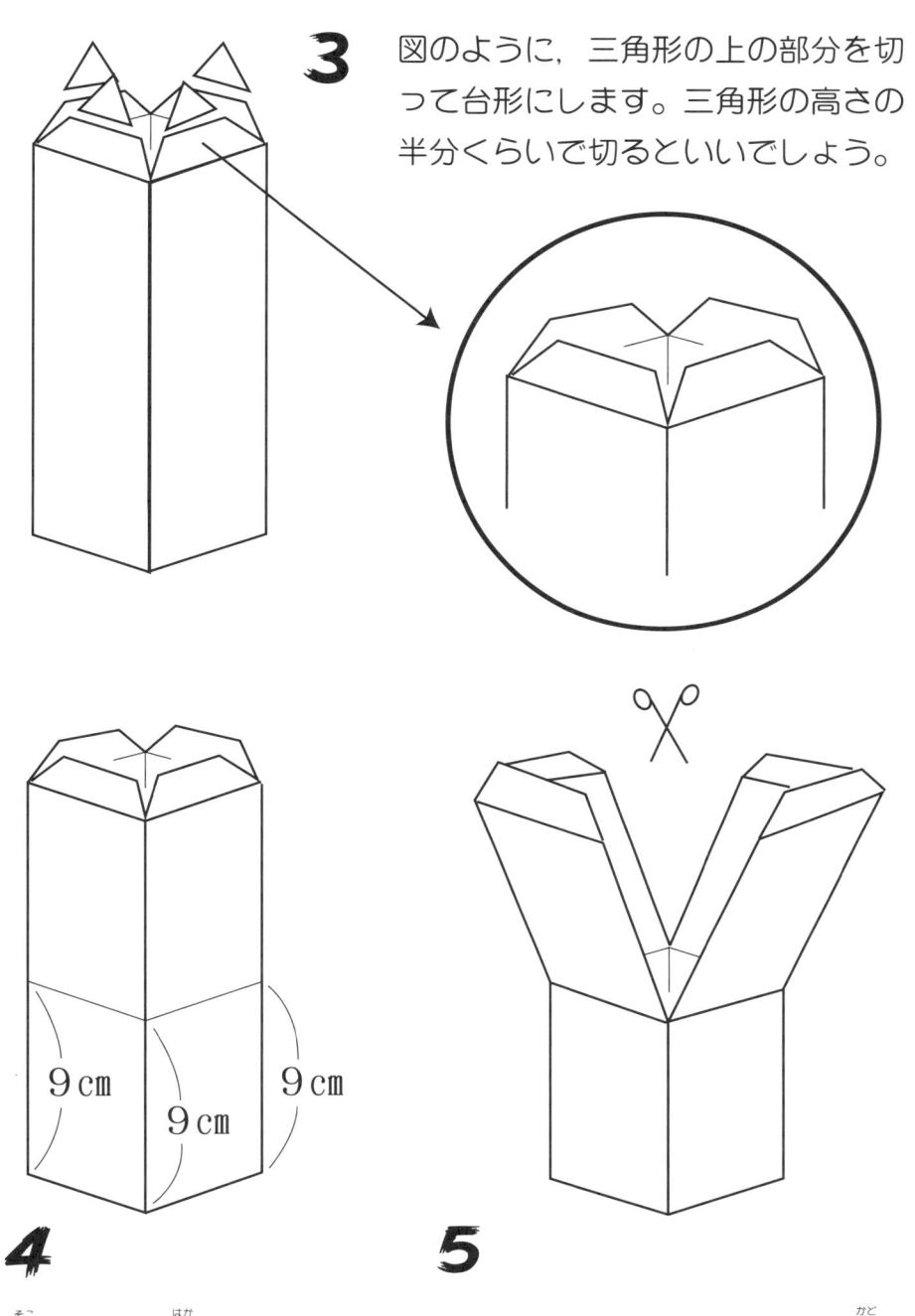

図のように，三角形の上の部分を切って台形にします。三角形の高さの半分くらいで切るといいでしょう。

4

底から9cm測って線を引きます。

5

線を引いたところまで，四つ角に図のようにハサミで切りこみを入れ，線のところで折り目をつけます。

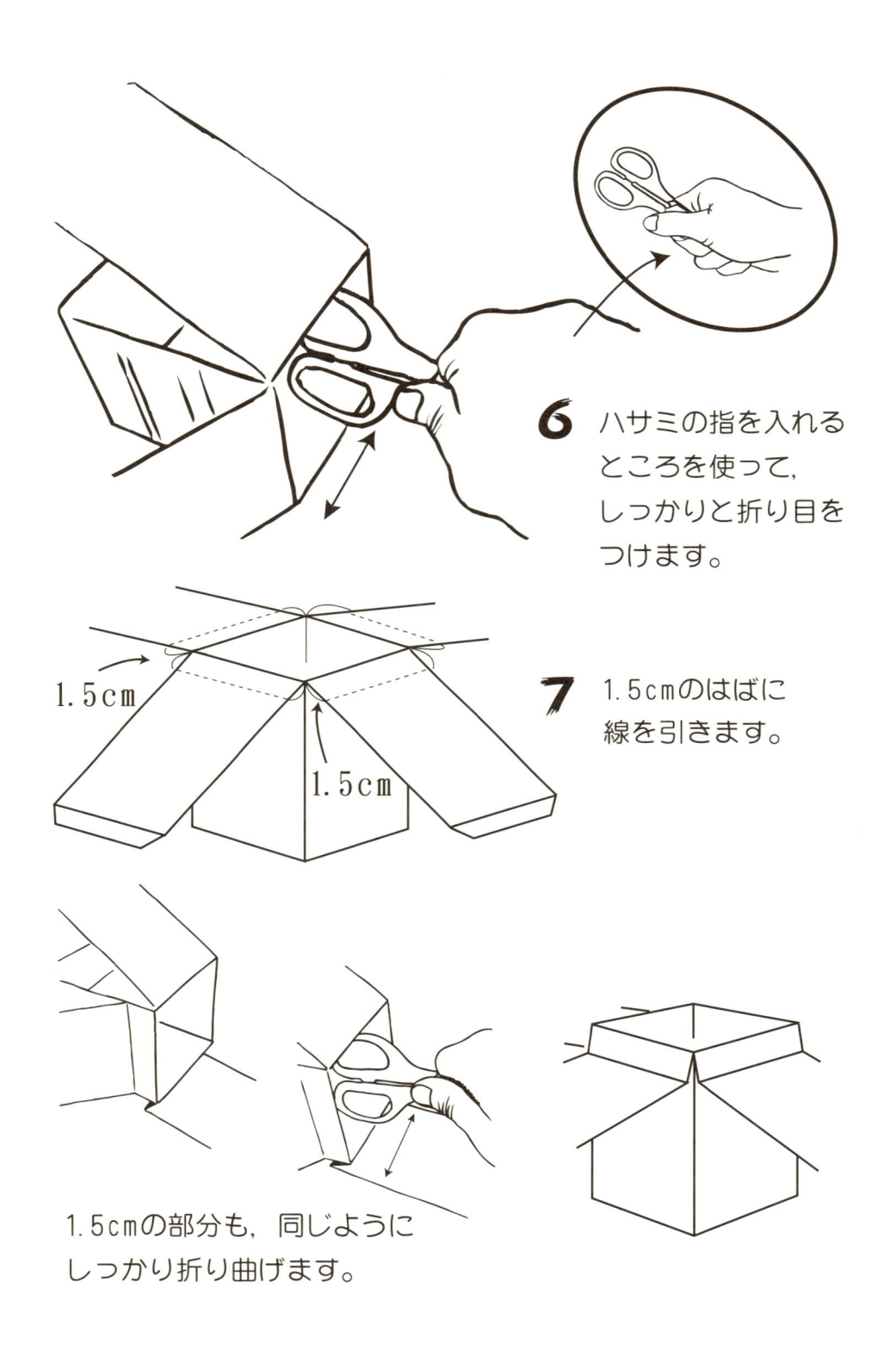

6 ハサミの指を入れるところを使って,しっかりと折り目をつけます。

7 1.5cmのはばに線を引きます。

1.5cmの部分も,同じようにしっかり折り曲げます。

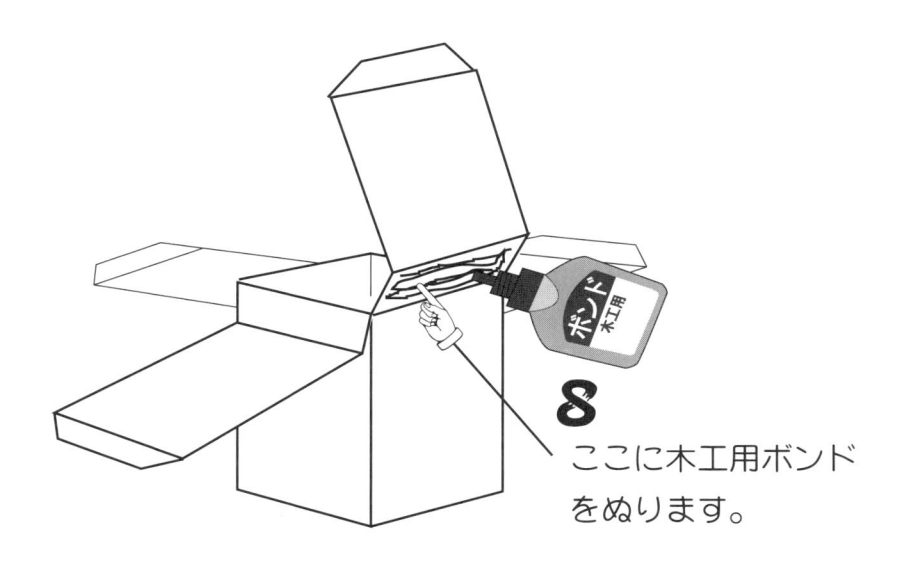

8 ここに木工用ボンド
をぬります。

9 ボンドをぬったあと，四つ角にセロハンテープをはって
補強しましょう。

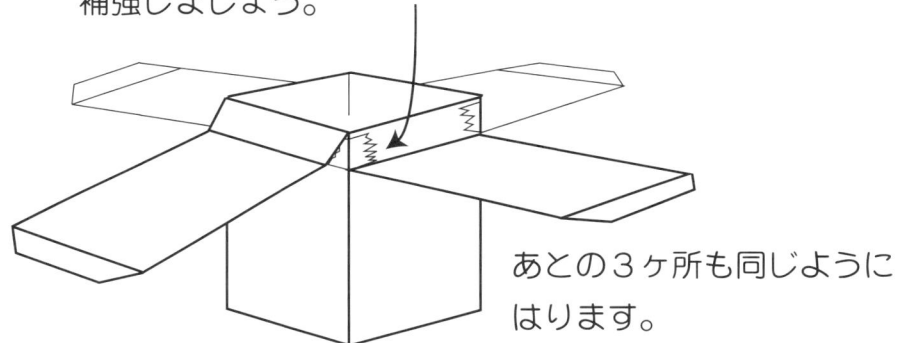

あとの3ヶ所も同じように
はります。

10 クリップでとめます。

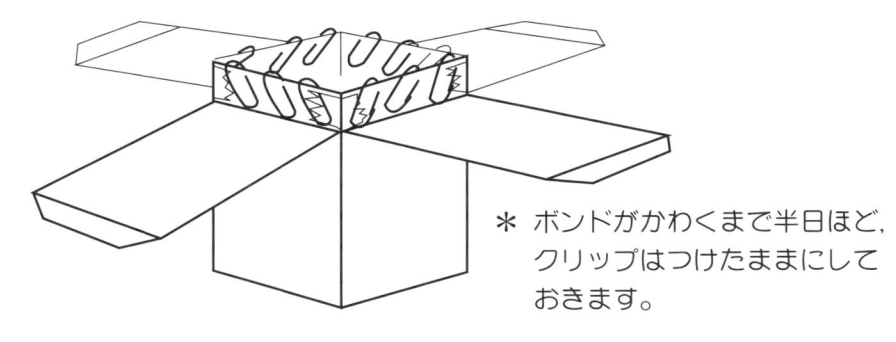

＊ ボンドがかわくまで半日ほど，
クリップはつけたままにして
おきます。

11　切ってある新聞紙を丸めておもりを作ります。

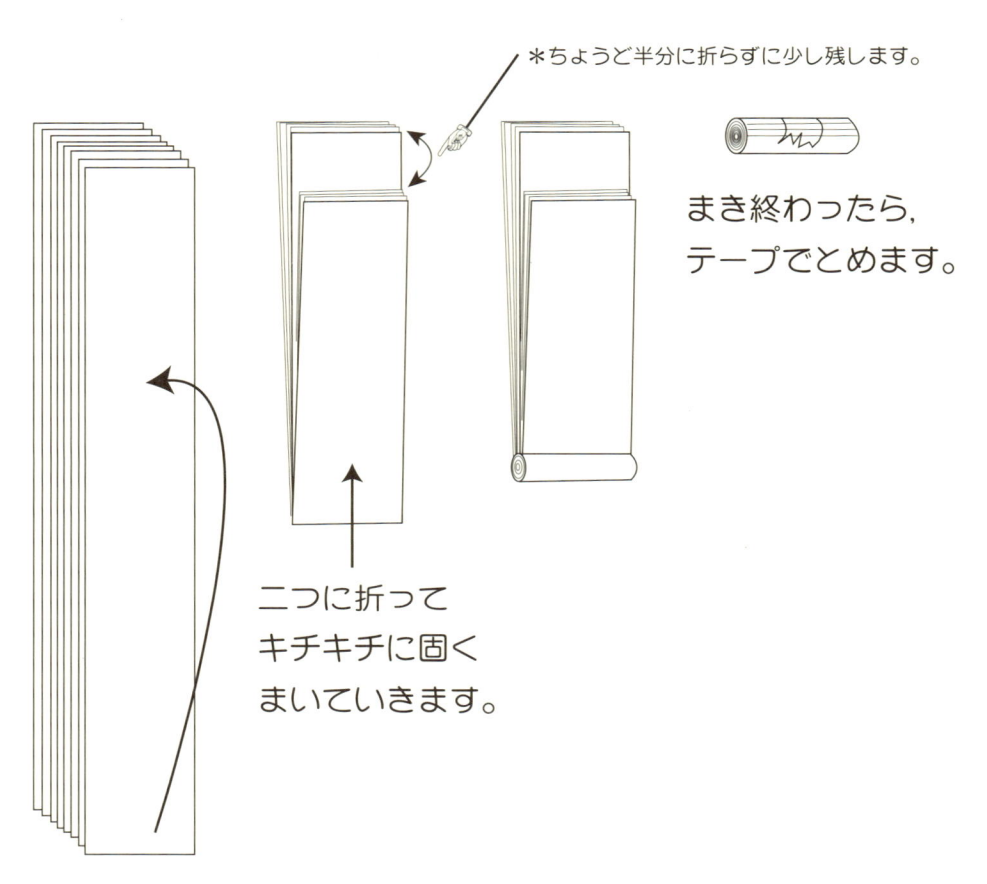

＊ちょうど半分に折らずに少し残します。

まき終わったら，テープでとめます。

二つに折って
キチキチに固く
まいていきます。

新聞を8枚かさねて，そろえましょう。

新聞のおもりは，8本作ります。

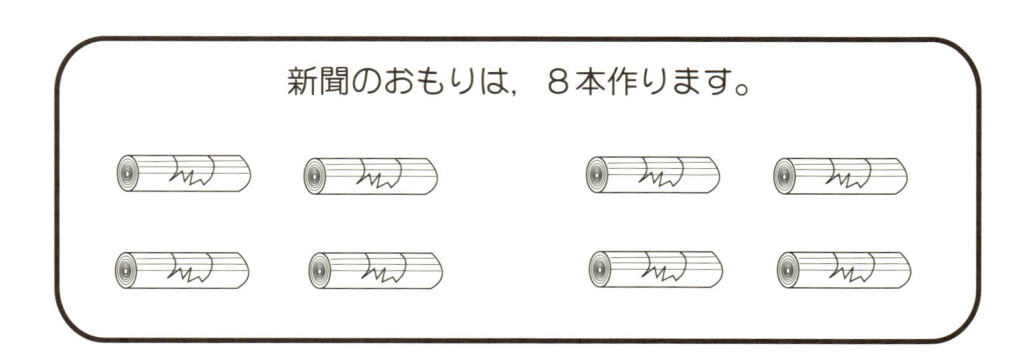

12 底から2.5cmの長さを測って, 牛乳パックのまわりに線を引きます。

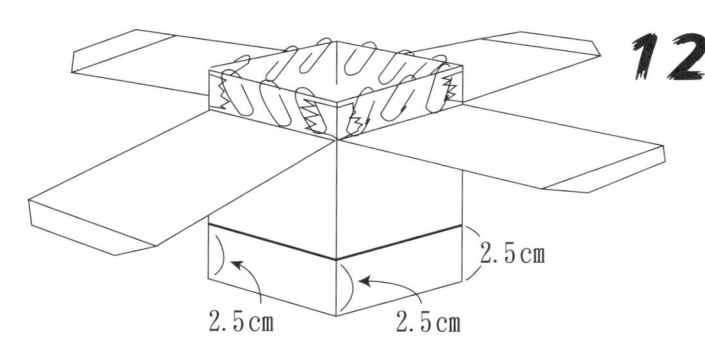

13 2.5cmの線をまん中にして上と下に新聞のおもりをテープでとめましょう。

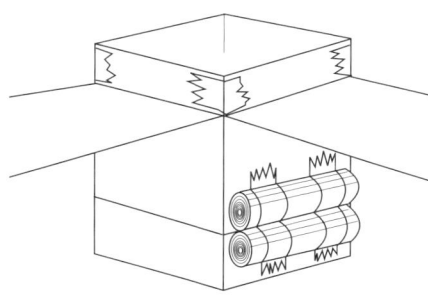

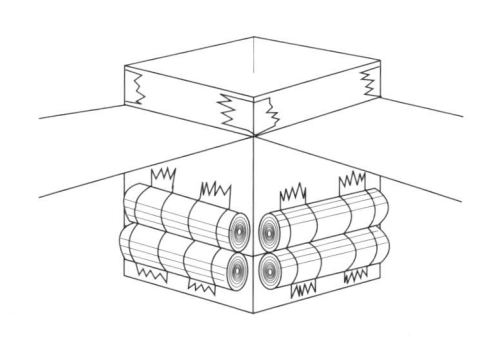

2本ずつ, まわりにつけていきます。

＊牛乳パックをひっくり返します。

14 台形の部分にボンドをぬります。図のように台形の折り目のところが底の角に合うようにはります。さらにテープではります。
4つとも同じようにはりましょう。

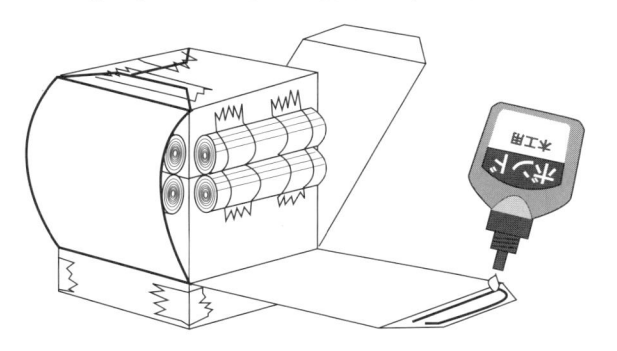

15 葉っぱの形の紙を切り取って，すき間にはります。
上と下をテープでとめましょう。

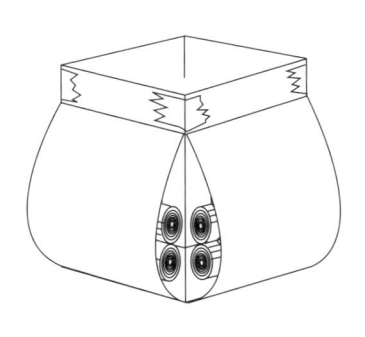

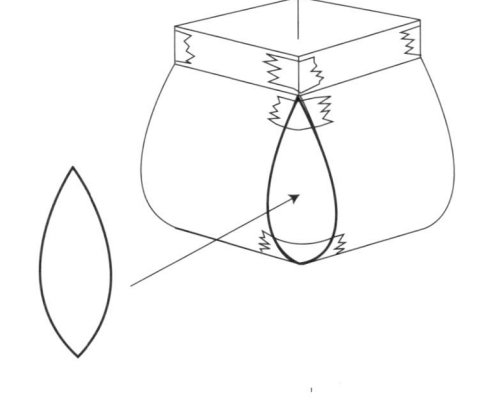

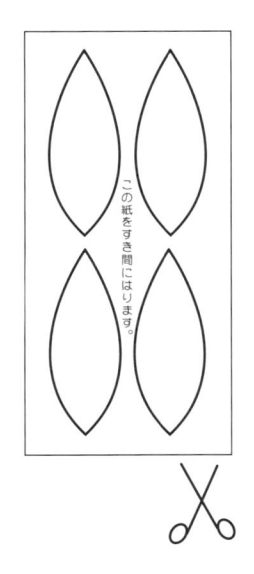

葉っぱの紙がすき間より小さいのは
かまいません。
しかし，葉っぱの紙がすき間より
大きいと，あとで千代紙(ちよがみ)をはったとき
デコボコができてしまいます。

この紙をすき間にはります。

すき間の大きさは，人によって微妙(びみょう)に違(ちが)います。
線どおりに切ったあと，すき間より大きいようだったら，
ハサミで切って調整(ちょうせい)します。
だいたい，すき間がかくれればいいので
ぴったり合っていなくても心配ありません。

16 28cmの正方形の千代紙(ちよがみ)を用意しましょう。
図のように折り目をつけます。

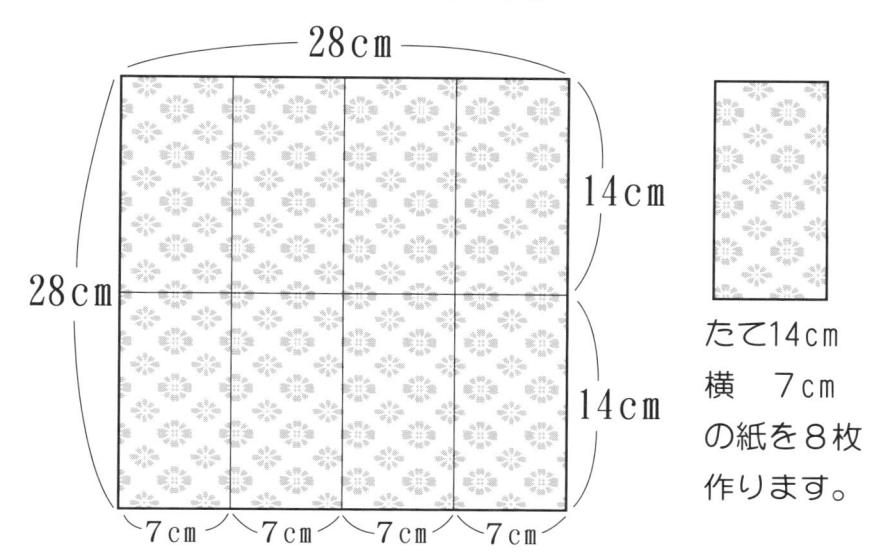

たて14cm
横 7cm
の紙を8枚
作ります。

【角(かど)にはる4枚の千代紙(ちよがみ)を切ります】

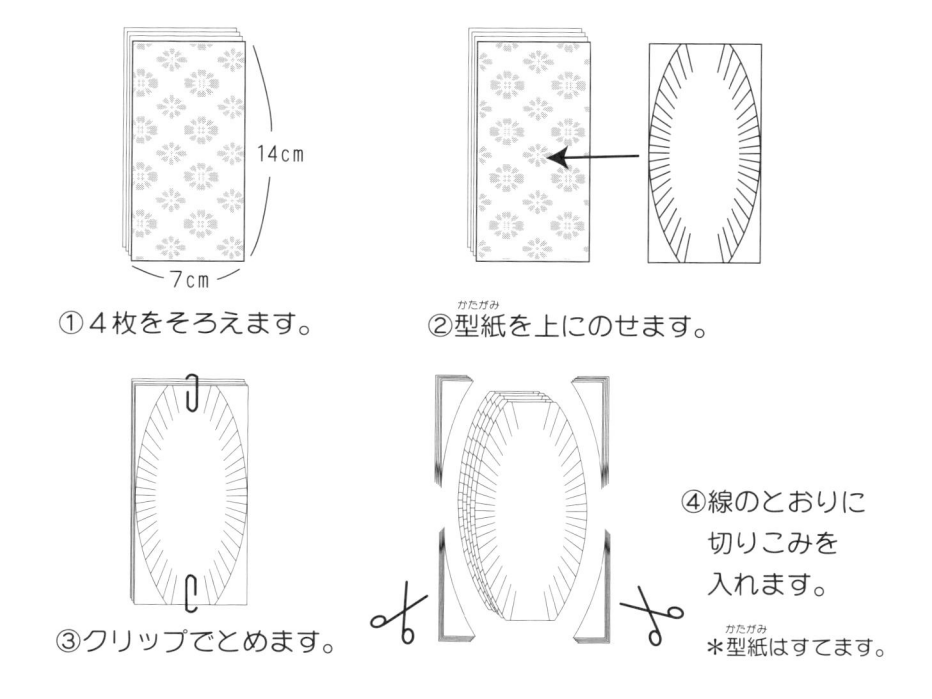

①4枚をそろえます。

②型紙(かたがみ)を上にのせます。

③クリップでとめます。

④線のとおりに切りこみを入れます。
＊型紙(かたがみ)はすてます。

17 1枚ずつ，四隅にはります。ボンドをたっぷりぬって，指でしっかり全体にのばしましょう。はしまでボンドがちゃんとぬれていないと，うまくはりつきません。

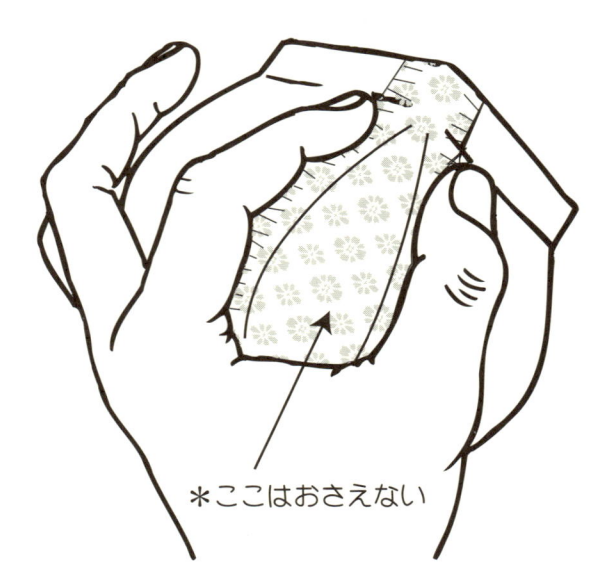

＊ここはおさえない

千代紙は，入れ口に合わせてはりつけます。そのあとで図のように親指と人差し指を使って，葉っぱの形の部分にシワが残らないようにのばしていきます。

＊切り込みを入れた部分にはシワができます。でも，葉っぱの形の部分さえ，しっかり「ピン」とはれていればいいのです。

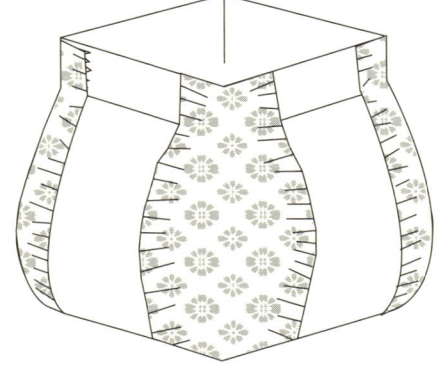

18

残りの４枚の千代紙は，長方形のまま側面にはります。ボンドをたっぷりぬって，指で全体にのばしましょう。はしまでボンドがしっかりぬれていないと，うまくはりついてくれません。
下図の番号の順番にはります。

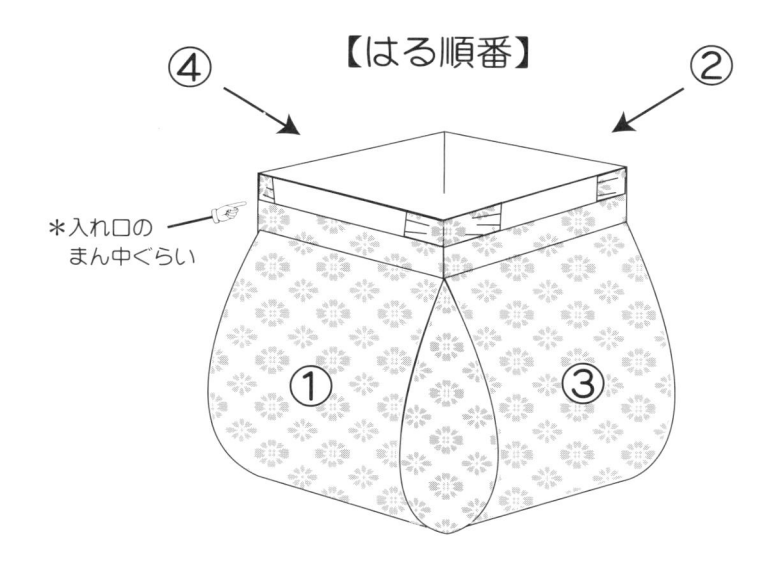

【はる順番】

④　②

＊入れ口のまん中ぐらい

①　③

はりはじめるのは入れ口のまん中ぐらいからです。上から底へ向かって空気をおし出すようにしながら，千代紙と牛乳パックが，しっかりと密着するようにはっていくのがコツです。

19 製本テープをはります。半分だけシールをはがして，入れ口の上に合わせます。
ずれないように目でよく確かめながら，はりましょう。

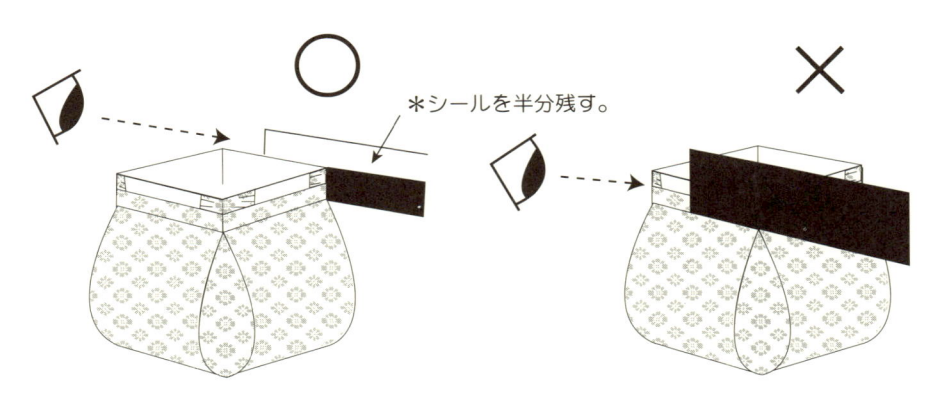

＊シールを半分残す。

はるときは，〇の図のように見ながら，
テープがズレないように，しんちょうにはりましょう。
×のように見てしまうとテープのズレがわかりません。

20 製本テープは，〇の図のように，とちゅうからはりはじめます。×の図のように角からはりはじめると，最後にかさねるとき内側に折り曲げにくいことがあります。

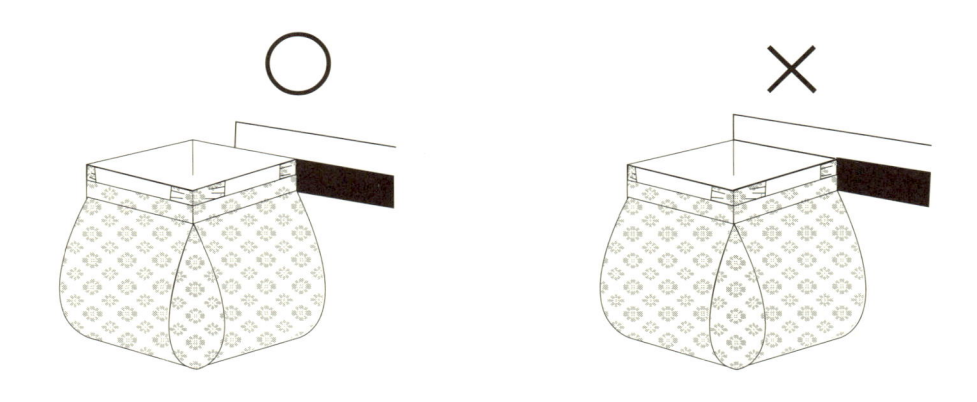

21

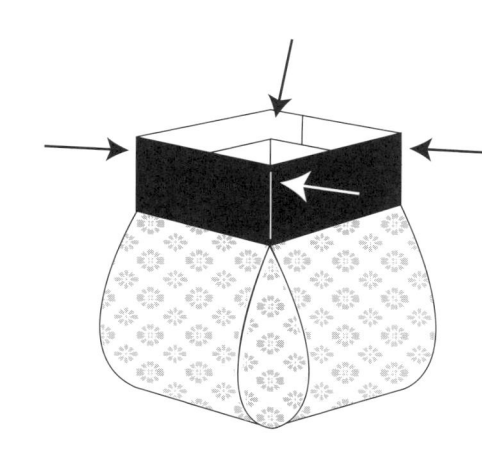

はるとき，角にきたら折り目を
つけましょう。
四つ角にしっかりと折り目を
つけておきます。

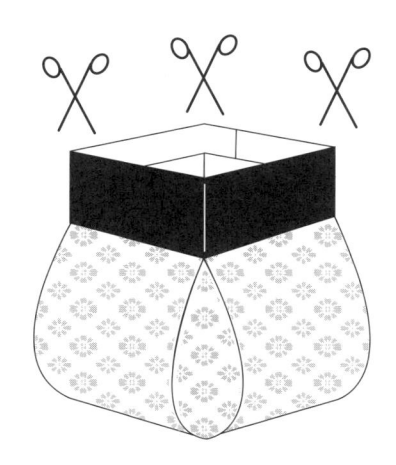

22

四つ角にハサミで切り込みを入れ
ます。残りのシールをはがして，
それぞれ内側へ折りこんだら
完成です。

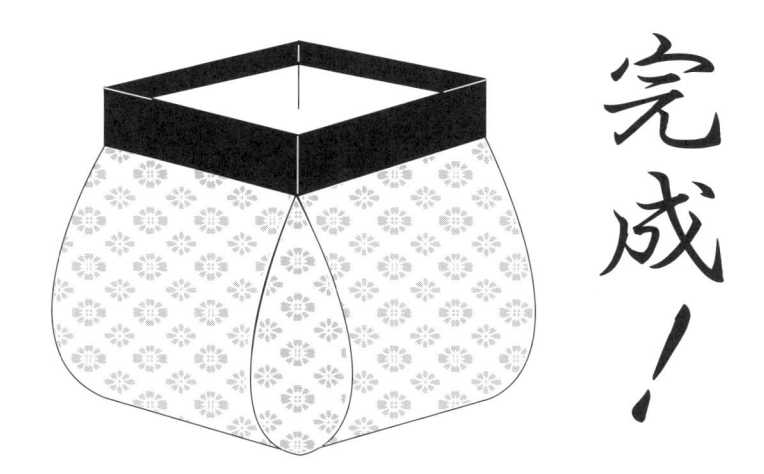

完成！

＊ボンドが完全にかわくまで，かわかしておきましょう。

マネすることのすすめ

　和風ペン立てを持って帰ったら，ぜひ家族や誰かに見せてあげましょう。

　「え！　本当に自分で作ったの?!　売り物みたい！」と，その美しさにきっとみんなびっくりすることでしょう。

　次に「このペン立ては何を使って作ったのでしょう？」というクイズを出してみましょう。「牛乳パック」とすぐに答えられる人は少ないはずです。

　和風ペン立ては，たて長の牛乳パックに切り込みを入れて，〈丸み〉を作ります。だからできあがりを見ただけでは，とても牛乳パックで作ってあるとは思えないのです。

　最後にペン立てをわたして，じかに持たせてあげましょう。「え！　こんなに重いの？」と，ペン立てが想像以上に重いことにみんな驚くはずです。そして〈新聞紙を丸めておもりにしてある〉ということを教えてあげると，「ただの紙がこんなに重くなるなんて」とさらに驚くことでしょう。

　〈紙でおもりを作る〉というアイデアは，自然にはなかなか考えつくことのできない工夫といえます。

　「牛乳パックを切って丸みを作る」

　「紙をおもりにする」

　一度知ってしまえば，なんでもないようなことですが，こういう工夫を最初に思いつくのは大変なことです。

　ところで，世の中には「人のマネをするのは良くない」と思っている人が大勢います。人のマネをすることは本当に良くないことなのでしょうか？

「人のマネをしてはいけない」とすれば,「何もかも自分で考え,工夫しなければならない」ということになってしまいます。

たとえば,初めて水泳をするとき,「自分で考えて泳いでごらん」と言われたらどうでしょう?

初めてケーキを作るとき,本も何も見ないで自分で考えて作ったとしたら,どんなものができあがるでしょう?

スポーツをするときには,「こういうフォーム(型)で体を動かすと効果的だ」というようなことがすでにわかっているので,自分で考えて自由にやるよりも,いいフォーム(型)をマネして,工夫された方法で練習するのが一番です。

お菓子や料理を作るときだって一緒です。「この材料を使って,こう作ればおいしく作れる」ということがわかっているので,最初は,料理の本に書いてある通りに作ってみるのが一番良いのです。

わたしたちのまわりには,多くの人が積み上げてきた知恵と工夫がたくさんあります。「何かを学ぼう」「何かを身につけよう」というときは,まずそれらをそっくりそのままマネしてみることが大切です。

わたしたちがペン立てを作ろうとするとき,〈大きさ・形・色・材料〉などを一つひとつ考え考え作っていくとしたら大変なことです。そんなことをしていたら,作るのがいやになってしまうでしょう。そんなときはまず「工夫された作り方」をマネて,その通りに作ってみればいいのです。

そうして,「もっと,ここはこうした方が使いやすくなるぞ」「こう作った方がきれいだぞ」「こうすれば簡単に作れそうだな」というようなことを思いついたなら,次に作るときにそこを改良してみればいいのです。

それがあなた自身にとって〈創造性を発揮する第一歩〉となることでしょう。

【和風ペン立て　授業感想文】

　　　　　年　　　組　　　名前

〈たのしさの評価〉（どれか一つに○をつけてください）
　5　とても楽しかった
　4　楽しかった
　3　楽しくもつまらなくもなかった
　2　つまらなかった
　1　とてもつまらなかった

　「和風ペン立て」がついに完成しました。一つひとつの工程をていねいに作ってきただけあって，みんなしっかりとしたペン立てが出来上がりました。さて，あなたにとって満足のいく作品ができあがったでしょうか？
　「牛乳パックを切る・折り曲げる・新聞を丸める・千代紙をはる」などの各工程はどうでしたか？
　難しかったですか？　たのしかったですか？
　作る前と今とを比べて，新しく学べたことは何ですか？
　授業のすすめ方・教え方は，どうでしたか？
　完成させた作品を今，改めて見てください。どんなことを思いますか？
　そのほか，どんなことでもかまいません。思いついたこと・考えたことを聞かせてください。よろしくお願いします。

◆書いてくれてありがとう。

かごの型紙

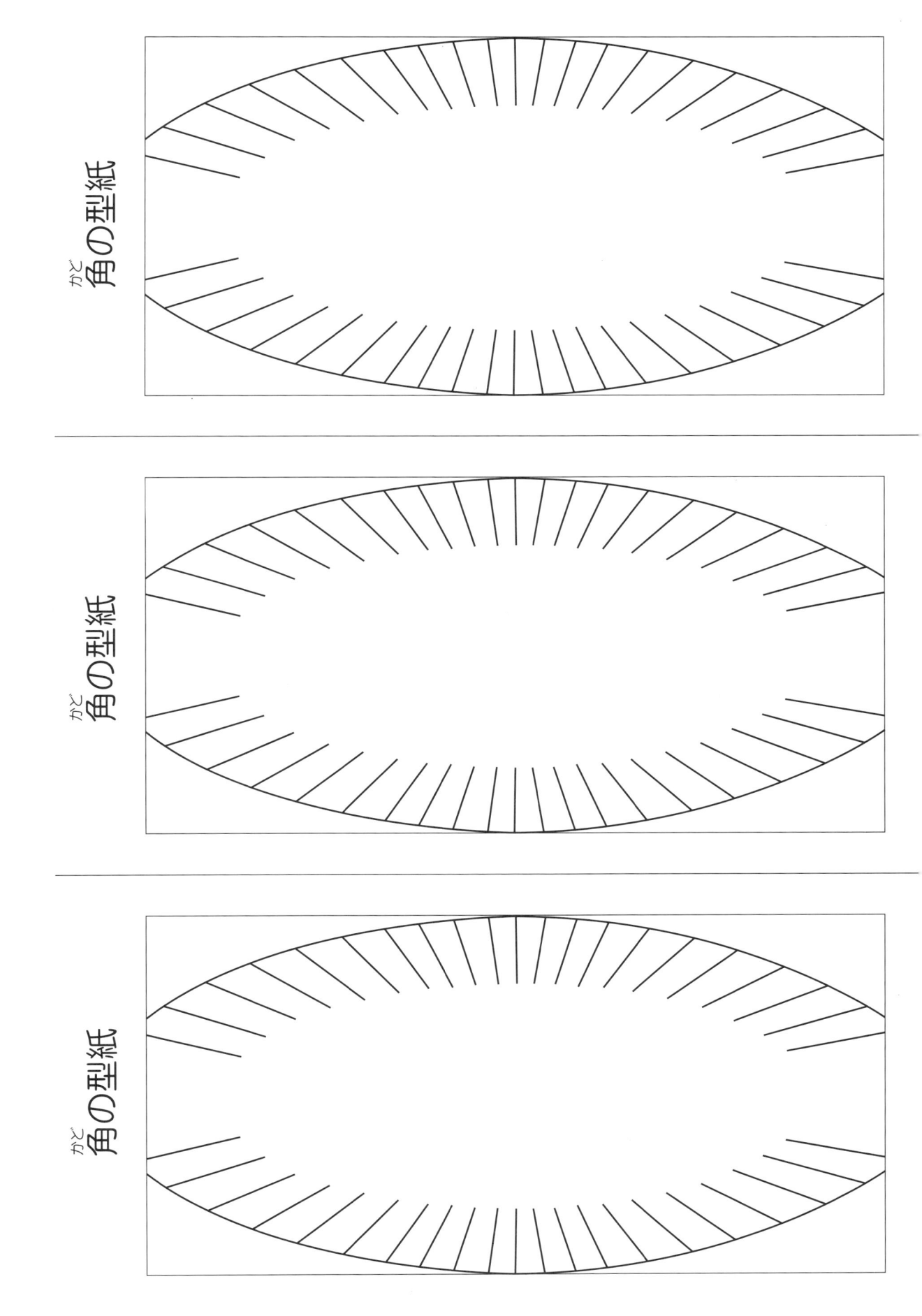

かごの型紙

かごの型紙

この紙をすき間にさしこむ。

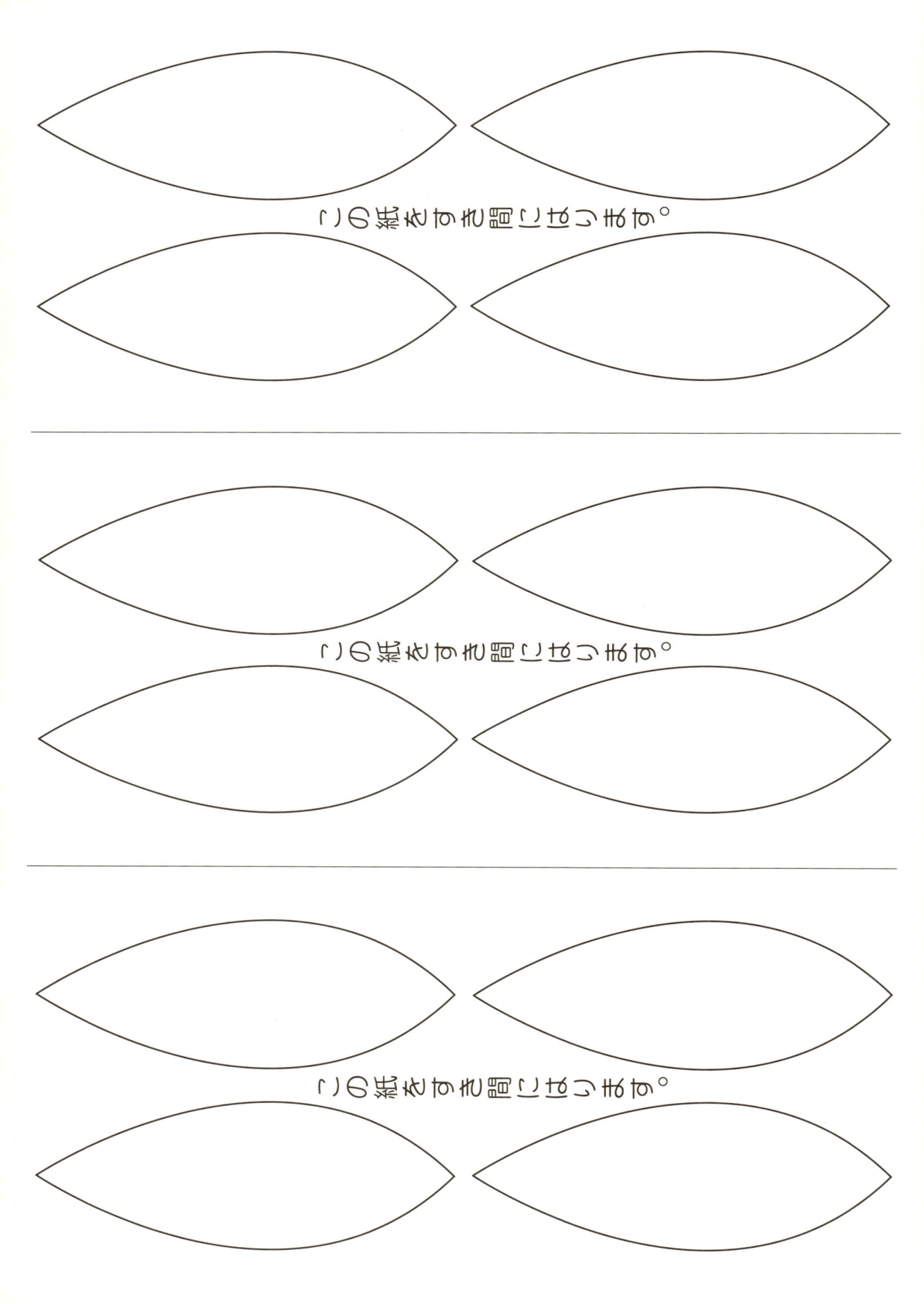

この紙をすき間にさしこむ。

この紙をすき間にさしこむ。

和風ペン立ての
解説

授業をはじめる前に

　授業は7ページからの〈製作の手引き〉の順序通りにすすめてください。子どもたちと先生が，ともに「たのしく」授業がすすめられるように，次のようなことに細心の注意をはらわれることをおすすめします。

◆**自分で〈和風ペン立て〉を作ってみてください。**

　自分で実際に作ってみて，はじめてわかることがたくさんあります。作ったペン立ては，そのまま完成見本として役立ちます。

　もしあなたが「図工は得意ではない」という方であっても大丈夫です。その見本を見せることで，子どもたちに大きな勇気と希望を与えることができます。

◆**〈製作の手引き〉を読むときには，実物を見せながら説明してください。**

　実物を見せながら説明した方が，子どもたちの間違いは減ります。子どもたちの前で実際に切ったり，ボンドを塗ったりしながら，各工程を子どもたちに誤解なく理解させることに力をそそいでください。

◆**子どもたちを励まし，自信を持たせるよう心がけてください。**

　手本通りに製作をすすめていると，誰しも「これでいいのだろうか？」「間違ったことをしていないだろうか？」「上手くできているのだろうか？」と不安になるものです。そんなとき「大丈夫，間違ってないよ」「上手にできていますよ」「それでいいですよ」という確認の言葉，励ましの言葉を聞くと，子どもたちは安心して，自信をもって製作を進めることができます。積極的に励ましの声をかけてあげてください。

◆**材料は多めに用意してください。**

　牛乳パックや千代紙が，人数分ちょうどしかなかった場合，子どもたちが間違ったり，失敗したときに「よく説明を聞いていなかったからでしょう！」などという言葉がついつい口から出てしまいます。材料にゆとりがあれば，心にも余裕ができてきます。

授業運営法について

　ぼくは、「仮説実験授業の理論を図工・美術の授業に当てはめよう」と考えてこの〈和風ペン立て〉という教材を作成しました。

　「仮説実験授業」というのは、1963年に板倉聖宣（いたくらきよのぶ）さんによって提唱された「科学上の最も基本的な概念や原理・原則を教えるということを意図した授業理論とその具体的な方法」のことです。提唱当時は、小中学校の自然科学の教材が中心でしたが、そのご、社会科学の教材の開発もすすみ、その基本的な考え方を数学教育や国語教育、さらには美術教育にまで拡大する研究が進んでいます。

　仮説実験授業では〈授業書〉という「教科書・教案・読み物・ノート」の性格を兼ね備えた一種のテキストを使って授業を行います。教師は〈授業書〉の指示に従って授業をすすめていきます。

　何といっても、仮説実験授業の素晴らしさは「仮説実験授業の基本的な事柄を学ぶ熱意さえ持ち合わせた教師ならば誰でも、子どもたちとたのしい授業が実現できる」という点にあります。

　この〈和風ペン立て〉のプランでは、「仮説実験授業」をモデルにしながら〈授業書〉をイメージした〈製作の手引き〉を用意しました。子どもたちと教師が笑顔でたのしい授業を共有するために、授業運営については以下に記すような手順で授業をすすめていただくことにしています。ぜひご理解いただきますよう、お願いいたします。

　＊「仮説実験授業」の授業運営法をさらに詳しく知りたいという方は、板倉聖宣著『仮説実験授業のABC』、西川浩司著『授業のねうちは子どもが決める』（共に仮説社）をぜひご一読ください。

プランのねらい

　〈和風ペン立て〉は、小学校4年生以上を対象と考えています。
　この授業では、手本となる作り方の工程に沿って、指示されたとおりに製作を

すすめていきます。〈一人ひとりが自由に工夫する〉余地は何もありません。この段階で〈自由に工夫させる〉のは，創造性に逆行するものですから誤解しないようにしてください。

　製作の過程で，まず，ハサミ・定規の扱い方を学びます。また，それぞれの接合部分に〈木工用ボンド・セロハンテープ・ゼムクリップ・両面テープ〉といったものを使うことで，それらの適切な使用法や特性を学びます。〈千代紙〉という本格的な和紙を実際に手にすることで，その美しさや丈夫さに関心を寄せ，新しい世界を垣間見る子どもたちもいるでしょう。

　日常的な生活の中で使われる「身のまわりの調度品」は，使いやすさと見た目の美しさを考慮して設計されています。奇をてらっただけの自称「独創的な作品」は，一時的に人の気をひくことはできても長期的な使用には耐えられないでしょう。このプランを通じて，「道具の〈機能美〉や，すでに発見され，引き継がれている〈型を学ぶことの重要性〉といったことにまで視野を広げて考えさせる」ことも，ひそかに願っているのです。

同じ手順で同じものを

　授業では，個々に自分のペースで勝手に作らせるのではなく「まずは，ここまで作りましょう」「次はここまでです」というように全員が同じペースで製作していくやり方が一番いいと思います。全員一緒に，一つひとつの工程を確認しながら確実に作っていくというやり方です。こうすることによって，子どもたちの「作り間違い」や「つまずき」にいち早く気がつき，対応することもできます。

　そこで，7〜22ページの〈製作の手引き〉は，印刷して1枚ずつ配るという方法をおすすめします。〈今，作るところだけ〉を配るようにすれば，見る視点も絞られるし，先走る子もいません。もちろん，子どもたちが勝手に先を読んで作ってしまうような心配が無ければ，まとめて綴じ合わせたものを配ってもいいと思います。子どもたちの様子に合わせて考えてみてください。

授業の進め方

ぼくが中学校1・2年生で授業をしたときの時間配分を簡単に記しておきます。追試されるときの参考にしてください。授業は，週1時間です。

　　　　1時間目　手順1〜10
　　　　2時間目　　　11〜13
　　　　3時間目　　　14〜15
　　　　4時間目　　　16〜17
　　　　5時間目　　　18〜22，お話，感想文

　　　（手順番号は，7〜22ページの〈和風ペン立て製作の手引き〉に準拠）

ぼくの場合，授業はいつも「班隊形」で行っています。道具や材料を取りに来てもらったり，返してもらったりするのに班単位だと都合がいいからです。また，教えてまわるときにも班で集まってもらっていると，数人が一度に見てくれるので効率良く教えることができます。

班でやっていると「見よう見まね」で〈技術が伝播していく〉という良さがあります。その反面，〈間違った情報が伝染してしまう〉という危険性もあるので注意が必要です。

作り方の補足

次に，各工程での注意点やポイントなどを，製作手順に沿って書き記してみます。〈和風ペン立て製作の手引き〉（7〜22ページ）を参照しながら読み進めてください。

☆手順1・2・3

牛乳パックを切るには少し力がいります。「かた〜い！」という子がいたら，手伝ってあげてください。

3の台形部分は，目分量（だいたい）で構いません。

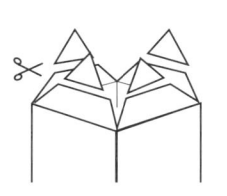

☆手順4

ものさしで長さを測り，線を付けていくのは，なかなか骨の折れる作業です。

なかには上手く長さが測れない子がいることもあります。

そこで，授業では，あらかじめ班に1つずつくらい牛乳パックで作った9cmの「定型」を準備しておき，それをあてがって線を引かせるといいでしょう（右図参照）。上記の方法だと，牛乳パック1つから，2個の「定型」を作ることができます。もちろん，厚紙などで9cmがわかるような「定型」を作っても良いです。

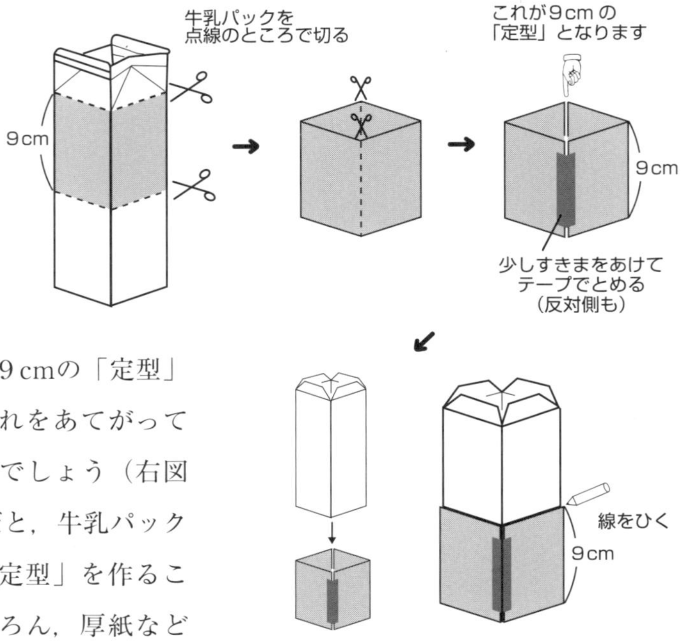

ここでは，〈定規の測り方を教えよう〉というわけではありません。こんな所で嫌な思いをさせてしまわないように気をつけてください（以下，定規で測る工程にも同じことが言えます）。

一通り全員が線を引けたら，班の中でお互いに牛乳パックをくっつけて，長さを測り間違えていないか確かめさせるといいでしょう。

☆手順5

9ぺの図を使って説明しても，9cmの所で横に切断してしまう子が時々います。そこで，「線のところで曲げる」ということを，実物を子どもたちに見せて確認しながら進めるといいでしょう。

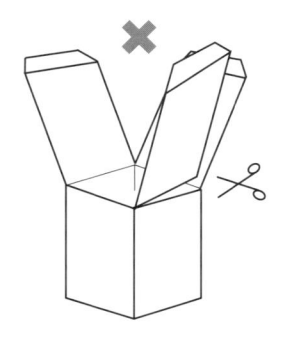

間違って切ってしまった子どもがいたら，「説明を良く聞いてないからでしょう！」などとなじったりせずに，「さっ」と笑顔で予備の牛乳パックを渡してあげてください。

☆手順6

ここも厚紙や牛乳パックで作った，1.5cmの「定型」があると便利です。

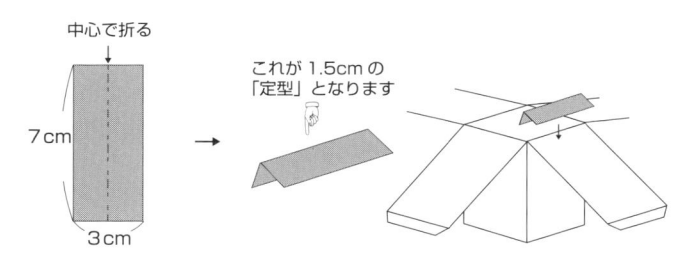

☆手順7

　子どもたちは，「柄を使う」というハサミの利用法は知らないと思います。ぼくは，事前に折っておいた部分を，班をまわって一人ひとりに触らせています。そうすることで，「しっかりと折り目をつける」ということが，はっきりとわかるからです。

☆手順8・9・10

　〈製作の手引き〉では，「木工用ボンドを塗って，さらにテープで固定し，ゼムクリップでとめる」ということにしていますが，ここは，あっさりと〈両面テープ〉でとめてもいいと思います。ぼくは，高性能両面テープ（15×20mm，ヤマト株式会社，525円）で試作してみましたが，しっかり楽に留めることができました。予算と子どもたちの様子を踏まえて決めてください。

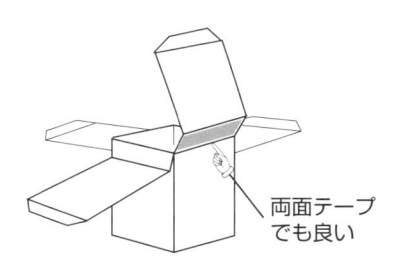

　また，ゼムクリップの代わりに「洗濯ばさみ」や「わにぐちクリップ」などで固定してもいいでしょう。

☆手順11

　おもりを作り始める前に，ぼくの作った見本のおもりを全員に握って（触って）もらっています。「どれほど固く巻かなくてはいけないのか」を，確かめさせるためです。巻きが「ゆるい」ということは，「おもりの直径が分厚くなって

31

いる」ということです。おもりが分厚くなると，胴体のふくらみが出すぎて形がいびつになります。だからきつく巻く必要があるのです。

☆手順12

ここも 2.5 cm の「定型」があったほうが楽に線を引くことができます。

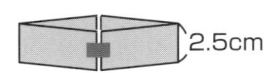

☆手順13

「線をはさんで上と下につける」ということがイメージできない子もいます。引いた線より上に2つのおもりを貼りつけてしまうのです。ここも丁寧な説明や見本が必要な場所です。

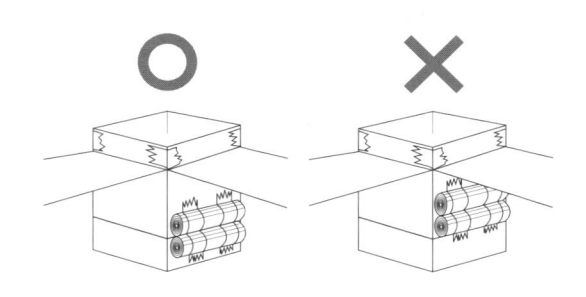

☆手順14

台形の折り目と底の角がぴったり合うように設計しています。「ボンドをぬって，テープで固定する」——これを4ヵ所くり返します。

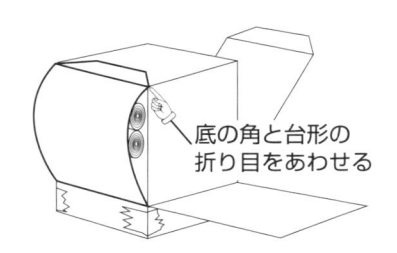

底の角と台形の折り目をあわせる

☆手順15

神経質にぴったりと合わせる必要はありません。すき間ができていても，千代紙を貼ってしまえばわからなくなります。

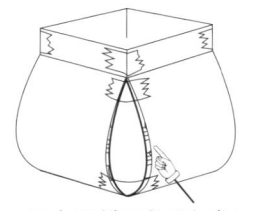

スキマができても良い

☆手順16

千代紙は学校の先生であれば，出入りの「教材屋」からも買うことができます。千代紙の柄にはとてもたくさんの種類があるので，どんなものを買ったらよいか迷うことがあるかもしれません。どんな柄であっても，たいていは美しいも

のが作れますが，特に色の濃いものはよく映えます。

〈千代紙の柄がプリントされた折り紙〉というものもあり，こちらの方が格段に安価です。しかし，それを使うと出来上がりがあまり美しくありません。なんとなく安っぽく見えてしまうのです。できるだけ〈本物の（和紙の）千代紙〉を使うようにしてください。

ぼくは，子どもたちに千代紙を選ばせるときは大きなテーブルに千代紙を並べ，各自で選びに来てもらうようにしています。クラス全員に一度に見に来てもらうと混雑するので，男女別に選ばせたり工夫をしています。中には「どうしても自分の気に入った柄でないと納得できない」というように千代紙の柄に強いこだわりを持つ子もいます。そんな子には，「どんな柄で作っても美しいものができるから，心配しなくても大丈夫だよ」とさりげなく声をかけたりします。

ぼくが使っている千代紙は「32×32cm」の大きさなので，「28×28cm」に切らなくてはいけません。そこで「28×28cm」の正方形に切ったボール紙を各班に4枚ずつほど用意して，子どもたち自身で千代紙にあてがって印をつけ，切ってもらっています。1クラス分位なら裁断機で切りそろえておいてあげるといいと思います。

☆手順17

ボンドで紙が湿気るほどたっぷりぬった方が上手く貼れます。「付け過ぎかな？」と思うくらいがちょうど良いです。これもぼくは，実際にボンドをぬった千代紙を見せてまわります。紙の隅々にまでしっかりとボンドがぬられてないと，ぴったりと貼り付いてくれません。

☆手順18

入れ口の一番上にぴったり合わせて貼れば良さそうなものですが，そうするとまれに底部に隙間が空いてしまう場合があるのです（右写真参照）。そのことを想定して，このように中途半端な所から貼るよう指定してあります。

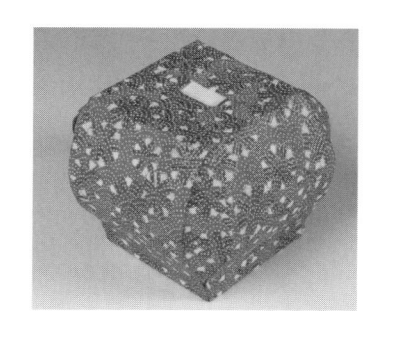

貼るときには，上から順番におさえて，指先でしごくようにしてしっかりと空気を抜きながら千代紙と牛乳パックを密着させていくのがコツです。

　貼った直後はボンドの湿気で千代紙が少しナミナミになっていますが，乾けばピーンと美しくのびるので，あまり気にしすぎないようにしてください。

☆手順19・20・21・22

　製本テープを配って，貼ったら完成です。全体を引き締めるという点で，重要な作業です。ここをぞんざいにしてしまうと，全体の印象が悪くなってしまいますので，手引きに指示してあるとおりに忠実に仕上げてください。

　ボンドはすぐには乾かないので，1日ぐらいは預かって，完全に乾いてから持ち帰らせてください。

☆「〈マネすることのすすめ〉というお話」「授業の評価と感想」

　和風ペン立てを作り終わったら，「お話」の部分を配って，子どもたちと読んでください。その後で授業の評価と感想を子どもたちに書いてもらうとよいでしょう。「騒々しくて全然説明も聞いていないように見える」「シーンと静まりかえって，ほとんど反応もなく淡々と作っている」という，「子どもたちは本当に授業を楽しんでいるのだろうか」と不安になるような場面に遭遇することがあります。しかし，そんな時でも評価と感想を書いてもらうと，不安な予想に反して子どもたちが心から授業をたのしんでいる様子が見えてきたりします。

　子どもたちによる評価は，授業の成功・失敗を判断する客観的基準になります。しかし，今回の評価と感想は，あなたをとても勇気づけてくれるにちがいありません。そして「この授業をやってよかったな～」と実感していただけることを確信しています。授業が終わったあとには，ぜひ子どもたちに「評価と感想」を書いてもらってください。

和風ペン立ての
プランができるまで

〈和風ペン立て〉との出会い

　ぼくが「たのしい授業学派」に入門するきっかけとなった1冊の本があります。それは仮説社から当時発行されたばかりの『ものづくりハンドブック1』（「たのしい授業」編集委員会編，初版1986年，税込2100円）でした。美術の授業で取り組む教材に悩んでいたぼくは，この本に載っている様々なものづくりにずいぶんお世話になりました。

　今，本棚から取り出してきてみても，表紙は汚れ，ページをくってみれば，ところどころ色が褪せ，折れ曲がり，本自体もかなりくたびれています。いかにぼくが頻繁にこの本をひも解き，活用していたかを物語っています。

　その，82〜85ページに掲載されていたのが〈和風ペン立て〉という，荒木葉子さん（当時，神奈川・小学校）が紹介されたものづくりでした。それは，「牛乳パックと折り染めとで作る」というものでした。〈折り染め〉というのは，和紙を三角に小さく折りたたみ，染料にひたすという染め方です。染めた紙を広げてみれば，予想外の美しい模様ができているのです。

　最初にこの記事を読んだとき，「折り染めは，それだけ単独でやっても楽しいけど，〈自分で作った折り染めで実用的なペン立てができる〉というのはすごくいいアイデアだなぁ」と深く感じ入りました。何よりも，口絵のカラー写真を見て，その名の通り「和風」で温かみのある下膨れの形状に一番心引かれました。

　早速ぼくは，荒木さんの記事どおり，まずは子どもたちと〈折り染め〉を楽しみ，完成させた折り染め紙を使って〈和風ペン立て〉を授業で作ってみたところ，子どもたちからの評価も高く，みんなとても楽しんでくれました。ただしぼくには「出来栄えに相当な差がでる」ことがとても気になりました。形状がまちまちになるのです。

　具体例を挙げてみると，胴体の真ん中がふくらみすぎて「ちょうちん」のようになってしまったり，ペン立ての入れ口の所がしっかりと作れていなかったり……。さらに折り染めを貼る段階では，上手な人と下手な人との差が顕著で

した。「2～3mmずつ蛇腹状にして紙を貼っていく」という工程があるのですが，そこではすき間がたくさん空いてしまい，悲惨な状況になってしまうことも少なくありませんでした。

　もちろん，プランに不慣れだったぼくの説明や教え方の問題もあったと思うのですが，そもそも作り方の説明が大まかなのです。「鉛筆に巻いた紙は何cmの部分につける」とか「入れ口の幅は何cmにする」とか「折り染めを貼るときは，こののりを使うと良くつく」といった細かい部分の説明がないので，出来栄えが安定しないのは当たり前です。

　荒木さんは学級に在籍していた島津君という子どものお母さんから作り方を教えてもらい，授業で実践し，興味を持った人誰もが作れるようなプランとして，この資料をまとめ，広く紹介されました。それだけで十分に素晴らしく創造的な仕事をしてくれたのです。もし，それ以上に「安定した形状で一定の水準のペン立てを子どもたちに作らせたい」と思うなら，こんどは，そう考える者がその手立てと方法を研究し，新たな道を開拓してゆくのが当然でしょう。

口伝えで伝承されてきた〈小物入れ〉

　そんなある日，家に帰ると母が牛乳パックを使って何かを作っていました。それは牛乳パックを加工して，美しい千代紙を貼った〈小物入れ〉でした。洒落た紐の取っ手がついた「ふた」までついています。言ってみれば〈和風ペン立て〉のバリエーションの一つです。しかし，それは〈工芸品〉と呼んでも差し支えないほどの高い完成度を示していました。

　母に尋ねると「知人に教えてもらった」ということでした。手先が器用な母は，教わったら何でもすぐに自分で作ってしまいます。そして教えてくれた人よ

りも上達してしまうのです。

　すぐにぼくは，母から作り方を教わり，作り方のあいまいな点は自分で工夫しながら補い，〈牛乳パックで作る本格的な和風小物入れ〉として授業にかけてみました。結果は大成功！　子どもたちの評価もいいし，ぼくのねらい通り，作品は「安定した完成度」で作らせることができました。

　このように「人から人へと口伝え」で広がっている〈身のまわりで利用できるような工芸品づくり〉というのは，他にも数多くあるのでしょう。ただ，それらの製作過程を一つひとつ丁寧に見ていくと，やはりその採寸や細部の作り方については，あいまいな点が少なくないようです。口伝えの場合，少人数を対象として，目の前で実際に実演しながら伝承していくため，言葉はかなりあいまいでも，ほとんど困らないのでしょう。

　それから数年は，〈和風ペン立て〉ではなく，この〈小物入れ〉を授業で取り上げていました。その理由は２つあります。

　まずは「作り方がより明確で，はっきりしていたこと」。それは，「ぼく自身がはっきりさせた」と言った方が正確かもしれません。母から学んだ時点では，やはり長さなど「ここら辺につける」とか，あいまいな部分が多かったのです。そこでぼくは一つひとつ定規で測ったりしながら，作り方の「設計図」を明確にしていきました。これによって「この〈小物入れ〉は，こうやって作る」という〈型〉をはっきりと示すことができるようになったのです。

　２つ目は，千代紙の美しさです。折り染めには「手づくりの良さ・自分で染め上げる楽しさ・素朴な和紙の風合い・偶然に生まれる色合いや模様の妙味」といった，他のものでは代用できない魅力があります。しかし，「見栄え」「耐久性」という点に限って言えば，絢爛豪華かつ丈夫な市販の千代紙にはかなわないと思ったのです。

和風ペン立ての魅力が見えた

　こうして何回か〈小物入れ〉を授業で作るうちに，今度は次第に〈和風ペン立て〉の素晴らしさを再認識するようになってきました。〈小物入れ〉を作れば作るほど，かえって〈和風ペン立て〉の魅力が，はっきりと見えるようになってき

たのです。

　ぼくが考える〈和風ペン立て〉の魅力とはこうです——入れ口の部分が「しゅっ」と直線的で，そのあと側線はなだらかなカーブを描き，半分より下でそのでっぱりはマックスを迎え，あとは底に向かって吸い込まれていく。この絶妙な曲線による美しい形状を見て，これが「直方体の牛乳パックから作られている」とすぐに見抜ける人がどれほどいるでしょうか？

　〈牛乳パックに切り込みを入れて下に折り曲げ，見事な曲線を作り出す〉というアイデアがこの〈和風ペン立てづくり〉における最大の独創的な発想だとぼくは思います。

　また，まわりに貼られた明るい柄が，入れ口に貼られた濃い色によって引き締められているのも絶妙です。ぼくは，そこに江戸時代の町人が日常着としていた，「着物の柄」と「襟」の関係を思い浮かべずにはいられませんでした。まさに「〈和〉の心がここに見事なまでに活かされている」と言えば，言いすぎでしょうか？

　ぼくが，初めて『ものづくりハンドブック』で「和風ペン立て」の口絵を見たとき直観的に「名称にある通り，和風だなぁ」と感じたのは，きっとこういうことだったのだと思うのです。

　「〈和風ペン立て〉を授業で作ってみたい」——そう思ったぼくは，〈小物入れ〉で「すばらしい」と思ったところを，〈和風ペン立て〉にどうにかして生かせないかと模索することになりました。

設計図を模索する

　まず，使用する素材の1リットルサイズの牛乳パックですが，母から教わった〈小物入れ〉にならって，1個で作ることにしました。荒木さんのプランでは，2個使用することになっています。2個重ねることで重さを出し，ペン立ての安定性を確保する設計になっているのです。

　ぼくは，1個にする代わりに〈小物入れ〉と同じく，新聞紙を丸めたものをおもりとして取り付けることにしました。新聞を丸める手間はかかりますが，この方が重く，安定度も増すからです。

次は採寸です。長さを測る場所は全部で3ヵ所と決めました。ここは「すべて整数の長さで出来ないか」と考えてみました。整数の値だけで構成できれば，子どもたちが長さを測るときにわかりやすいと考えたからです。

　牛乳パックに切り込みを入れる長さは底から9cmで，整数にすることができました。しかし，入れ口の長さは1cmでは短すぎます。本体とのバランスも良くありません。2cmだと長すぎて，これもバランスが悪いのです。

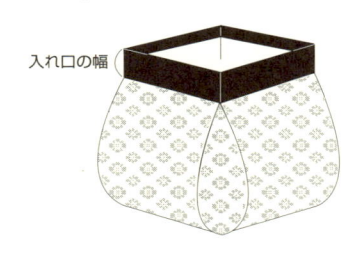

　色々試してみた結果，「1.7cm」が絶妙なバランスだということがわかりました。しかし，「7mm」という数字は中途半端です。「作り方を一般化するには不都合だ」と思いました。

　そこで，あれこれ考えた末，妥協して〈入れ口の幅は1.5cm〉と決めました。1.5cmでも悪くはありません。しかし「1.7cm」という絶妙なバランスにはたっぷり未練が残っています……。

　　＊製本テープの幅が35mmなので，その中心紙（剥離紙の線）を入れ口のフチにあわせると，見かけはだいたい長さ1.7cmの入れ口ができます。

　新聞紙で作ったおもりを取り付ける位置も，またとても悩みました。このペン立ての最大の特徴とも言える胴体の膨らみが，これで決定するからです。上につけすぎれば「提灯」のようになって格好が悪い，下にしすぎても不格好……。これも，色々試した末，底から「2.5cm」の場所に取り付けるのが一番格好よいという結論に至りました。

　これら長さの採寸は，手本とするものがなかったため，すべて自分で試作を繰り返し，一つひとつ決めていきました。

　牛乳パックの注ぎ口を「三角形→台形」へとカットし，それを「のりしろ」として活用するアイデアは〈小物入れ〉づくりにならうことにしました。

困難な部分は教師が準備する

　新聞紙を丸めておもりを作る方法は，〈小物入れ〉づくりで伝承されていたアイデアの流用です。ただ，〈小物入れ〉では，丸める新聞の幅は牛乳パックの幅

と同じ「7cm」になっていました。しかし，これだと子どもたちがおもりを丸めたときに7cmより広くなってしまうことが多いのです。そうなると，取り付けたときにおもりが角から飛び出してしまい，具合が良くありません。

そこでぼくは，新聞紙の幅を「6cm」にすることで，この飛び出しを解消させることにしました。

おもりに使う新聞は，前もって学校の裁断機を使って6cmの幅に切りそろえて準備しています。といっても，中学校で5クラス分が使えるだけの新聞紙を裁断するのは，結構骨の折れる作業になります。しかし「子どもたちに充実した時間を過ごしてもらおう」と考えるならば，この程度の準備をおっくうがってはいけないのかもしれません。

そういうことに関して，考えさせられることがありました。

ぼくの息子「涼介」が保育園の年少組のとき，様々なものを作って持って帰ってきました。しかし，3〜4歳児のこと，道具もまだ満足には使えないはずです。当然，子どもだけでできることは限られてきます。でも，いろんなものを作って持って帰ってくるのです。原型となる部分は，すべて先生が作っていたのでしょう。子どもたちは，「そこに目を描き入れるだけ」といった具合に，できることだけをやらせてもらっているのです。

涼介は？と言えば，「目を描いただけ」でも「サンタのひげをティッシュで貼っただけ」でも満足して，「これ，涼ちゃんが作った！」と誇らしげに見せてくれるのです。

子どもたち全員分の原型を準備することは簡単ではないはずです。でもその準備があるからこそ，園児たちは〈自分で作る〉という楽しさと，完成したときの満足感を味わうことができるのでしょう。「ものを作る喜びの大切な芽を育ててもらっているんだなあ」と，保育園の先生方の丁寧な準備には頭が下がる思いがしました。

それと同時に，そこからこんなことを考えさせられたのです。

それは，小学校や中学校の図工・美術の指導では，「何かを製作する場合〈すべてを自分で作らせる（やらせる）ことこそが素晴らしい〉と思い込んではいないか」ということです。もし，それを製作する過程すべてが楽しく，子どもたち

が無理なく取り組めるならば全部やらせることに大きな意味があるでしょう。しかし，〈全体としての製作は子どもたちが楽しめる内容だが，一部の過程に子どもたちが取り組むには困難な部分がある〉というのなら，「その困難な部分は教師が準備してしまう」ということもあって良いのではないでしょうか？

　製作の全過程をすべて子どもたちにやらせなかったとしても，困難な部分を教師が準備することで，子どもたちが〈自信と意欲〉を持って製作に取り組めるのならば，何らその授業の値打ちを下げることにはならないと思うのですが，どうでしょうか？

　〈ものを作る〉という仕事のことを考えてみると，「すべての工程を自分一人でこなす」ということはほとんどありません。材料や加工など，広い範囲にわたって多くの人の力を借りて，その上に自分の仕事を積み重ねているわけです。もともと〈ものを作る活動〉というものがそうした「分業」によって支えられているのですから，子どもたちの製作過程についても今一度見直してみる必要があるのではないでしょうか。

美しい千代紙

　〈小物入れ〉ですっかり千代紙に魅せられたぼくは，〈和風ペン立て〉でも千代紙を使おうと考えました。しかし，千代紙は，折り紙と比べれば，高価といえば高価です。

　ぼくは，安く済ませるために一度，〈千代紙の柄がプリントされた折り紙〉を使ったことがありました。でも，色・質感・出来栄えは，本物の千代紙には遠く及びませんでした。2つを並べて見比べれば，プリント折り紙で作った方はかなり安っぽく見劣りがします。結局，次の年には，また本物の千代紙で作ることにしました。プリント折り紙で作った子どもたちには，「なんで私らのときは，あの紙（本物の千代紙）でやらしてくれんかったの！」と，ずいぶん恨まれてしまいました……。

　千代紙は高価ではありますが，それだけに美しく，豪華で耐久性（色褪せが無く，丈夫）もあります。また，初めて千代紙を目にする（手にする）子どもたちは，長い年月をかけて磨きぬかれてきた千代紙の魅力の一端に触れることになる

でしょう。そう考えれば，千代紙を使うことの別の意義も見えてくるように思うのです。

　荒木さんのプランで授業をしていたとき，〈折り染めの紙に定規で線を引かせて切る工程〉と，それらを〈貼ってゆく工程〉で間違える子が多く，そのことが気になっていました。切って貼る紙のパーツがA〜Dと4種類もあるため，「採寸の間違い」「貼るときのパーツの取り違え（貼る場所の間違い）」など，混乱しやすいところがとても多いのです。さらに出来上がりを見ても，パーツが多いということは「つなぎ目が多い」ということで，見た目の美しさにも影響します。

　母から教わった〈小物入れ〉では，貼る千代紙の採寸は2種類でした。しかし，それでもまだ子どもたちの間違いは起こります。ぼくは，何とかしてこの採寸とパーツの取り違えを減らしたいと思いました。また，採寸を考えるときは，「市販の千代紙の大きさを無視することもできない」とも思いました。〈いかに無駄を少なく，効率的に紙を使うか〉ということも大切な要素となるのです。

　その千代紙製のパーツは，〈小物入れ〉のアイデアから，角に貼る4枚・側面に貼る4枚の，計8枚でいくことにしました。間違いを極力なくすために，どれも同じ大きさです。本当は，角に貼る紙は側面に貼る紙より長さを短くした方がキレイにおさまるのですが，長さを変えればパーツの取り違えが必ず起きます。かといって，角の紙に合わせて側面の紙の長さを短くすれば，牛乳パックの底に空間ができてしまい，格好よくありません。

　何度も検討した末，紙の大きさは「7×14cm」に落ちつきました。千代紙には，定規で線を引くのではなく，紙を折りたたんで広げ，折り跡に沿ってハサミで切らせることにしました。

　これで採寸の間違いとパーツの取り違えをほとんどなくすことができました。

　また，「4つ角に貼る紙の型紙を作る」というアイディアは，山本知代さん（大阪の中学校教師）の追試実践で考えられたものに倣いました。ぼくでは考えもつかなかったすばらしいアイディアです。

紙に木工用ボンド？

　荒木さんも〈和風ペン立て〉の記事で書かれていますが，牛乳パックに紙を貼

ろうと思ったら，のり（一般的な水のり）では上手く貼ることができません。のりで貼ろうとすると，上手くくっつかなくてイライラさせられ，さらに乾くとはがれてきたりします。

　ぼくは，和風ペン立てに限らず，紙同士をしっかり貼りあわせたいときは，のりではなく，木工用ボンドを使うことにしています。「紙に木工用ボンド?!」とびっくりされる方がおられるかも知れませんが，紙の原材料は草や木だということを思い出してもらったなら，「紙に木工用ボンド」という選択も納得していただけるでしょう。

　ぼくは，木工用ボンドを千代紙の上にたっぷり出して（ホントにたっぷり余るほど出します），それをまんべんなく指でのばして塗りこめます。端までキチンと塗るのがコツです。ボンドの塗り残しがあると，そこだけ上手くつかないからです。

　こういうことは口で言っただけではイメージが伝わりにくいものです。そこでぼくは，そういう説明のときはいつも子どもたちの前で実演してみせることにしています。ボンドを出す工程にきたら，班ごとに目の前で実際にボンドを出した千代紙を見せます。

　子どもたちは「えーこんなたくさんー！」と驚きます。子どもたちの頭の中に「どれほどたくさんのボンドを出すのか」というイメージが思い浮かぶようにしたいのです。

　そうやって，しっかりボンドが塗られた千代紙は，貼ってやると牛乳パックに吸い付くように，ホントに気持ちよくくっついてくれます。

うまいことを考えた

　荒木さんのプランでは，入れ口にも染めた紙を貼ることになっています。特に色の指定はなされていません。『ものづくりハンドブック１』の口絵の写真では，黄色っぽい折り染めには紺色，緑色には緑色が合わせてあります。しかし，色あわせというのは結構難しいもの。ぼくは，どんな色にも合う「黒」一色でいくことにしました。

「千代紙に負けないしっかりとした黒色の紙……」と考えたとき，〈製本テープ〉を使うアイディアがひらめきました。製本テープはその名の通り，とじ合わせた冊子などの背表紙に貼るために使われるものです。少し大きな文具店に行けば，どこでも簡単に入手可能だと思います。

製本テープを使ってみると，なんとピッタリ！「これは〈和風ペン立て〉の入れ口に貼るために開発されたテープじゃないのか？」と錯覚するほどでした。丈夫だし，何よりも，裏がシールになっています。その上シールが半分ずつ剥がせるようになっている所が好都合でした。

今回ばかりは，自分のひらめきに「うまいことを考えたものだなぁ」と感心してしまいました。

子どもたちの柔軟な発想

こうして完成した授業プラン〈和風ペン立て〉に取り組むようになって何度目かのこと，同僚の音楽の先生が「黒田先生の学級の女の子が，こんなの作ってプレゼントしてくれたのよ」と，ぼくに見せてくれました。それは，紛れも無い〈和風ペン立て〉でした。でも，まわりに貼ってあったのは〈千代紙〉では無く，キレイな楽譜の包装紙だったのです。音楽の先生は，「こんなにカワイイの作ってもらって，うれしいわー」と大喜びでした。

あとで，それを作った女の子に聞くと「授業で作って面白かったから，家でもう一度作ってみた。千代紙が無かったから，家にあった楽譜の包装紙を貼ってみた」と笑顔で話してくれました。「黒板に図を描いて説明しただけなのに，良く覚えていて作れたものだなぁ」ということにもすっかり感心しましたが「千代紙が無いから，代わりに楽譜の包装紙を使う」という自由な発想には舌を巻きました。「なんて子どもたちの発想は柔軟で豊かなんだろう」と。

和風ペン立ては，「〈折り染め〉か〈千代紙〉を貼って作るもの」と思い込んで

いたけど,「他の紙を使って作っても,いい雰囲気が出せるんだなぁ」ということを,この女の子から教えてもらいました。子どもたちから学ぶべきことは本当にたくさんあります。

「型」を求めて

〈小物入れ〉は,基本的にペン立ての応用として考えられたような工芸品づくりでした。ですから,〈小物入れ〉をたくさん作ってきたぼくにとって,〈和風ペン立て〉の作り方（設計図）を細かくつめていく作業に,あまり困難は感じませんでした。

まず,作業に取りかかる前に「この〈和風ペン立て〉の出典は探し出せないものだろうか？」と思い,書店の「手芸コーナー」などで文献を探しましたが,「これ」といったものは見つけることができませんでした。似たような工芸品作りは見つけられても,やはりその説明・設計図はあいまいで,ぼくが望むような,参考にできるものは見つけることができませんでした。

やはり,この〈和風ペン立て〉は考案者がはっきりしないまま,口伝えのような形で伝承されてきたのでしょうか？ もし,出典について何かご存知の方がいらっしゃったら,ぜひお知らせください。よろしくお願いします。

和風ペン立てと
子どもたち

楽しさの評価

ぼくが2006年に，中学1年生4クラス（1クラス約36人）で実践したときの評価です。とても良い評価をもらえました。

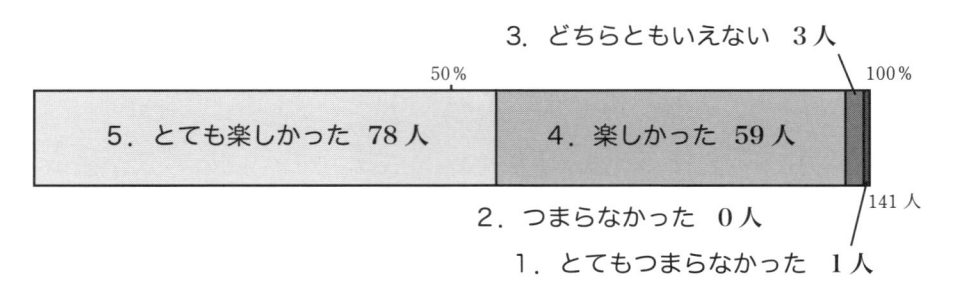

```
                                    3．どちらともいえない　3人
                    50%                                  100%
┌─────────────────────┬──────────────────────────┬─┐
│  5．とても楽しかった 78人  │   4．楽しかった 59人   │ │
└─────────────────────┴──────────────────────────┴─┘
                                                    141人
                     2．つまらなかった　0人
                  1．とてもつまらなかった　1人
```

「1．とてもつまらなかった」に丸をつけた男の子は，いつもは美術を楽しんでくれているのですが，このプランを実施した時期，学校生活全般においてとても落ち着かない状況でした。それで，ほとんど製作に取り組むことができず，こういう評価になってしまったものと思われます。

子どもたちの感想

次に子どもたちの感想を一部ご紹介します。

　今回作成した〈和風ペン立て〉は，千代紙をはる前の「牛乳パックを切る・曲げる・新聞を丸める」の3つの工程が不器用な僕にとっては難しかったし，少し大変な作業でした。でも，難しかったけど決して嫌にはならずに最後までとてもたのしく作業することができました。作った後には，「やっぱりこういう物を作るときは，千代紙をはるなどの外面上だけの部分を頑張るのではなく，最初の土台からていねいにしなければいけない」と学びました。先生の教え方は，とてもていねいに作業するときのコツなどを教えてくれたので，分かりやすかったです。今後の美術の時間を楽しみにしています。　　　石原壮希くん　楽しさの評価5

石原君の「難しかったけど決して嫌にならずに最後までとてもたのしく作業できた」という感想が嬉しいです。ここでも〈魅力ある教材〉〈見通しのもてる確実な手立て〉の重要性が確認できます。

> この和風ペン立て作りはとても楽しかったです。一応満足のいく作品が作れたので良かったです。新聞を丸めることや千代紙をはったりすることが結構むずかしかったです。たのしかったことは全部です。最初は，「新聞で重くなるのか？」と思っていたけど，十分ちゃんとした重りになっていたので「すごい！」と思いました。
> 　　　　　　　　　　　　　　　　　　　　　　　酒井拓未くん　楽しさの評価5

> ぼくは最初，先生があらかじめ作っていた〈和風ペン立て〉を見て，「ぼくが作ったら下手な作品ができる」と思っていました。でも授業を重ねていくうちに段々勇気が出てきました。結果，不器用だったぼくでもいい作品ができました。一番面白かったことは新聞を丸めたときです。けれど不思議に思ったことは，「何であんなに軽い新聞が重くて鉄みたいに固くなったのか？」疑問に思ったので調べてみようと思いました。先生の授業は分かりやすかったし〈和風ペン立て〉にこだわっていることが分かりました。家に帰ったら早速使いたいです。
> 　　　　　　　　　　　　　　　　　　　　　　　土永善太くん　楽しさの評価5

> 今，目の前にある自分のペン立てを見ても牛乳パックで出来ている事は，全くわかりません。振り返ってみても，すっごく楽しかったです。黒田先生の授業は，とても自由な感じがしてめっちゃ楽しいです!!　ちゃんと出来上がってくれてとてもうれしいです。
> 　　　　　　　　　　　　　　　　　　　　　　　井上沙柚里さん　楽しさの評価5

　「新聞紙を丸める」「千代紙を選択する」――この２つの工程はやはり人気があります。このプランは，すべて決められたとおりに作っていくだけなのに，「自由な気がして……」という井上さんの感想は，「本当の意味で〈自由に作る〉とはどういうことか？」と，あらためて考えさせてくれます。

　〈束縛によって得られる自由もある〉〈自由は必然性の洞察〉という２つの言葉を思い浮かべてしまいました。

　＊板倉聖宣著『発想法かるた〜発想を豊かにすることわざ・格言集（ものの見方考え方シリーズ２）』（仮説社）97〜99ページを参照。

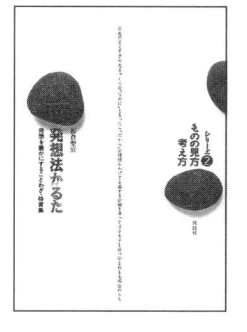

> はじめ先生に出来上がりを見せてもらった時,「あんなペン立てが作れるのかなぁ？」と思っていました。新聞を丸める作業が大変だったけど「出来上がりには欠かせないものだ」と思いました。先生の授業のすすめ方は, とても良かったと思いました。ピンチの時に助けてくれるので良い。とっても楽しかったです。
> 　　　　　　　　　　　　　　　　　　芦田有梨奈さん　楽しさの評価5

> ぼくは, いつも「きれいに作ろう」と思って慎重にやりすぎて失敗したりしていたけど, 先生が「こんな感じでやればいいよ」と分かりやすく説明してくれたのでとてもやりやすかったです。出来栄えは自分が思ったよりきれいにできた。基本に忠実にやって良かったと思う。先生が細かい所までわかりやすく教えてくれたし, みんなで楽しんで作れたことが一番良かった。
> 　　　　　　　　　　　　　　　　　　松本紘幸くん　楽しさの評価5

　子どもたちが作ったり, 描いたりしているのを教師が手助けすることは「いけないこと」でしょうか？

　何もかも自分の力でやり切らせなければいけないのでしょうか？

　失敗やピンチに陥ったときでも, 自分の力で何とか切り抜けられる場合もあるでしょうが, やはり誰かの力を借りなければそこから先に進めなくなってしまうときだってあります。思ったように上手くいかなくて,「あぁやっぱり自分はダメなんだ……」「自分は不器用なんだ……」と自信を喪失してしまう経験の繰り返しが,〈図工嫌い〉〈美術嫌い〉を作ってしまうのではないでしょうか？

　「上手くいった！」「自分にもできた！」という, 輝くような喜びの積み重ねこそが自信と勇気を生むのだと思うのです。

　こうして子どもたちの感想文を読んでいくと, 広義において「授業には何が必要なのか？」「授業で一番大切にしなければいけないのは何なのか？」ということがはっきりと見えてきます。教師になってからのこれまでのことを振り返ってみても, 子どもたちが書いてくれる評価と感想文にしっかりと向き合うことによって, ぼくは美術教師として一歩一歩成長してこれたように思えます。

たのしいことを規準にして考えていく

〈和風ペン立て〉の新聞紙を丸めておもりを作る工程は，一見，「何だか面倒くさそう」とも思えます。紙をひたすら丸めるだけなのです。これなど，作業をもっと簡略化したり，新聞の代わりにおもりとして代用できるものを考案すれば良さそうにも思えます。でも，ぼくは今のところ，この工程を簡略化したり，代用案を考えるつもりはありません。どうしてかというと，この工程が子どもたちにとても人気があるからです。

子どもたちの感想を読んでみると「新聞を丸めるのが楽しかった・面白かった」と書いている子が非常に多いのです。ぼくは最初，「新聞を丸めるだけの作業なんか，子どもたちにとってつまらないだろうな。しかも1人8本も作らせるなんて，面倒なことやらせて悪いなー」と思っていました。しかし，子どもたちは実に楽しそうに面白がって作ってくれるのです。

8本以上作って，「先生，これ持って帰ってもいい？」と大事そうに持って帰る子までいます。「先生，家でも作りたいから新聞持って帰っていいですか？」なんて言い出す子まで……。

考えるに，「紙を丸めて円柱形ができた」「〈やわらかい〉と思っていた紙が，束ねて丸めると固くなった」という，紙を加工する面白さや驚きが，子どもたちを夢中にさせているのではないでしょうか？

西川浩司『授業のねうちは子どもがきめる』（仮説社，1986年）の中で，西川さんが仮説実験授業の提唱者，板倉聖宣氏の次のような文章を紹介されています（同書65ページ。これは板倉氏が1960年代に書かれたメモを，1981年に伊藤篤子さんが編集したガリ本『仮説実験授業いま・むかし』に初収録されたものの全文です）。

> **授業書作成の第一規準は何か**
>
> 仮説実験授業の諸原則の中でももっとも重要な原則は何であるか。仮説実験授業の授業書を作成するとき，その授業書の良否を判断するための最高の，最終的な規準は何であるか。
>
> それは，その授業書が科学のもっとも基本的な概念や原理的な法則を教えようとするものになっているということであろうか。あるいはまた，その授業書の構成

> が，基本的に問題・予想・討論・実験という順序で構成されているということであろうか。あるいはまた，その授業書が子どもたちに深く考えさせたり討論させたりするのに都合よく組み立てられているということであろうか。その授業書が一切のおしつけを排除するように作られていることであろうか。
>
> 　ある授業書が，仮説実験授業の授業書として満足しうるものであるか否かを決めるためのもっとも核心的な，最終的な基準はどこにあるのだろうか。
>
> 　それは，上にあげたどれでもないと，私は思う。上にあげたどの規準よりももっともっと大切な，根源的な規準があると思うのだ。
>
> 　それは，<u>その授業書が，その一連の授業が，子どもたちによろこばれるようなものとなっているかどうかである。その授業が，子どもたちの深い知的興味をかきたてることに成功しているかどうかである。つまり，授業書や授業のよしあしは，その授業を受けた子どもたちの──親とか試験の成績などを気にしない──純粋の子ども自身の意見をもとにして判定されるべきものだ，と思うのである。</u>
>
> 　子どもたちの知的興味をかきたて，それを深めるために予想をたてさせることがマイナスであるならば，予想をたてさせないほうがよいし，討論がおもしろくないというなら，討論もやらせないほうがよい。実験などめんどうくさいというのなら，実験をやらなくったってよい。一つ一つ問題を解いていくよりも，まとまった話をしてもらった方がよく分って面白いというのなら，よみもので授業をすませてもよい。教師の側でいくら大切な概念だ，法則だ，と思っていても，子どもたちがそんなことを知っても役立ちそうにもないし面白くもないというのなら，それを教えるのを断念するか，教え方や内容を全面的にかえなくてはならない。一見おしつけ的な授業の方が分かりやすくて面白いというのなら，それの方がよい。

（下線は黒田）

　〈図工・美術〉でものを作る授業の工程を考えるとき，ぼくなど，つい「より合理的に」「より簡略化して」ということを規準としてプランを考えてしまいがちです。しかし，いくらその工程に手間がかかったとしても，合理的とはいいがたい作業があったとしても，それを子どもたちが「楽しい」と言うのなら，その工程を安易に合理化したり簡略化してはいけないのではないでしょうか？　むしろ〈その工程のどこに子どもたちは魅力を感じているのか〉ということを考えることで，さらに研究は深まるはずです。ぼく自身が，いくら本格的な完成度の高いペン立てを作れるように工夫をしたって，改良を試みたところで，子どもたちがそれをやってみて「楽しく作れない，作るのが面白くない」と言うのなら，どれほど素晴らしいペン立てを作らせることができたって，そんなプランには，何の値打ちもないでしょう。

反対に，いくら完成度が低く「すばらしい出来栄え」とは言いがたいペン立てしか作れなくても，それが子どもたちにとって「とても楽しく」また「面白い」ものであるならば，それは素晴らしいプランと言っていいと思うのです。教材自体を深く洞察していくことも重要ですが，その工程一つひとつを考えるときにも，それが「子どもたちの〈深い知的興味〉〈制作意欲〉をかきたてることに成功しているか」，それを「子ども自身の純粋な意見をもとにして判定」しながらすすめていかなくてはいけないということなのでしょう。

イメージが豊かに思い描けるような説明をしたい

　美術の授業では，まず作り始める（描き始める）前に，子どもたちに作り方（描き方）の説明をおこないます。ぼくが理想とする子どもたちへの説明とは，「見て，聞いただけで頭の中にしっかりとした具体的なイメージが浮かび〈あぁ，わかった！　こうするんだな。早くやってみたいな！〉と子どもたちに思わせられる」というものです。

　前述の西川さんの『授業のねうちは子どもがきめる』の中に，その理想に近づくための具体的な手立てを教えてくれた文章があります。

　　　仮説実験授業では，問題があって，予想を立てます。それから理由を発表し，討論をしてから実験をする。そうすると，「みんな先生がやらせる」と思ったりするけど，子どもにつき合わせるというのは，〈問題に対して予想を立てる〉ということだけです。それで，教師の出番としてはどういうところがあるかといいますと，「問題を読んで，子どもたちにやる気が出るように問題の解説をする」ということがあります。

　　　どのようにしたら考える気がするかというと，イメージが浮かぶように持っていかないといけない。とにかくイメージが浮かぶようにやる。イメージが浮かぶと，子どもは「ああ，そんならこういうことかな」と自然に頭が働きます。「先生がうまいこと説明してくれてイメージが湧いてきたので，つい予想を立ててしまった」と乗せてしまう。それが教師の出番です。あとは出番なし。教室におるだけでいいんです。

　　　〈ものとその重さ〉という授業書があります。その中に，こんな問題があります。

〔問題3〕
　はじめに，水を入れたいれものと角砂糖4ことをてんびんの一方のさらにのせ，もう一方にはおもりをのせてつりあわせておきます。
　そこで，つぎに角砂糖を水の中に入れてよくかきまぜてとかし，もういちど，てんびんにのせることにします。そのとき，てんびんはどうなるでしょう。

>　教室で読む時は，子どもが読むか先生が読むかですね。ふつう教師がよくやるのは，この授業書に書いてある文をそのままいっぺんすらすら読んで，それから説明する。私もそういう説明の仕方をやっていたわけです。国語の授業は大体そうする。いっぺん読んだくらいではイメージが浮かばないと思うから，まずいっぺん文章が読めるようにして，それから解説をする。それと全く同じようにやるわけです。
>　ところが，サーッと読むだけでイメージが浮かばなかったら，子どもにとってその時間はある面では空白の時間です。充実してないわけです。先生が説明してイメージが浮かぶようになったら，そこから充実してくるわけです。
>　そこがスタートです。だからそういうムダな時間は省いて，いきなりイメージが浮かぶようにする。そうするには，子どもが「はじめに，水を入れたいれもの」と読んだら，「ハイ，水を入れた入れ物」と実物を用意しておいて見せればいい。「角砂糖4ことを」と読んだら「コレ，角砂糖4こ」と見せればいい。そういうふうにイメージがパッと浮かぶようにする。読むのはとぎれとぎれでもいいから，イメージがすぐに浮かぶようにする。問題の読み始めから充実させていくことです。そして，文章の最後までいった時に「ああ，こういうことを考えたらいいのか」と子どもたちがわかるようにする。(上掲書111～113ぺ)
>　<u>こういう，イメージをふくらませていく緊張感を常に持っている授業をするためには，具体物を用意しなければいけません。それが教師の非常に重要な役目です。教師の仕事は，具体的に子どもたちがイメージを浮かべて「あっ，そういう問題ならこれだ」と自然に考えてしまうようにもっていく</u>，それが重要なのです。
>
> (上掲書113～114ぺ，下線は黒田)

　仮説実験授業を知ってから，わりと早い時期にぼくは，西川さんのこの文章に出会っていました。最初は，「画用紙はこれですね」「ハサミはこれですね」というように，具体的な物を子どもたちにただ見せる程度で，西川さんの文章の上っ面しか理解できないでいたのです。

　しかし，次第に「この西川さんの文章の中には，もっともっと深くて，大切なでっかい水脈が流れている」と感じられるようになってきました。「説明を見て聞いただけで，〈あっ，そういうことか〉と勝手に子どもたちが，自分の頭の中で制作のイメージを思い描き，自然に作りたく（描きたく）なってムズムズしてしまうような作り方（描き方）の説明」ができれば最高です。

実際にやって見せることを基本に

　〈和風ペン立て〉の授業運営では，西川さんから学んだことを，ぼくなりに，

こんな風に実行しています。授業では，とにかく「実際にやって見せること（実演）」を基本に据えています。言葉や図の説明だけで浮かぶイメージには限界があるからです。

　新聞を丸める工程では，子どもたちに丸めさせる前に，実際に見本を触らせます。口々に「おおっ！　かたーっ」「かたーい」と思わず驚きの声があがります。言葉でいくら「固く巻いてくださいね」と言ったって，人によってその「固い」というイメージは様々で，一定ではありません。こうして触ることで「あぁ，これ位の固さで巻けばいいんだな」というイメージを具体的に思い描かせることができると思うのです。

　千代紙にボンドを塗るときも，「端っこまで，しっかりと塗りましょう」なんて言っても，一定したイメージを全員に思い描かせることはできません。ぼくは，まず千代紙にボンドを「にゅるにゅるっ」と大胆にぬります。その紙を持って子どもたちに見せてまわるのです。

　ここでもまた，「えぇっ！　そんなに出すん」「先生出しすぎ！」と声が上ります。「ううん。コレで丁度いいんや。たっぷりボンドが塗ってあれば，気持ちいいほど千代紙は簡単に貼り付いてくれるからね。見てて！　こうして指でボンドをのばしていきます。ボンドは手についても，乾いたらパリパリ皮みたいに剥がれるから，手に汚れは残らんし，心配しなくていいよ」「角の入れ口の上に合わせて〈ぺたっ〉とつける。そして，まずはワイルドに手で全体を押さえて，そのあとで葉っぱの形の所にシワが残らんように，人指し指と親指で，こうやってのばしていく」と，このように実演しながら説明を続けます。そのあとも班をまわって，子どもたちから聞かれれば，同じことを何度でも繰り返し説明し，やってみせます。

　プリントに印刷してあることを読むだけ，または，黒板に書いて，口で説明するだけなら楽だし，簡単です。でもぼくは，〈もう一歩踏み込んで，より具体的なイメージを子どもたちに伝えたい〉と考えています。こういったスタイルで1日5～6時間の授業をすれば，かなり疲れてしまいます。でもそれは，心地よい疲れです。ぼくは，授業で勝負する道を選んだのだから，授業にはとことんこだわって「具体的なイメージを思い描かせること」を追求していきたいのです。

あとがき

　ぼくはずっと,「仮説実験授業を図工・美術の授業に適用したい」と考えて教材の研究をしてきました。今,ぼくが歩んできた授業研究の足跡を振り返ってみると,それは「授業にそっぽを向いてしまう中学生をいかにして振り向かせるか」——その試行錯誤の繰り返しだったように思うのです。ぼくの中には,確固とした特別な美術の理論があったわけではありません。ただただ「ぼくの目の前にいる中学生は,どんなことならやってくれるのか」ということだけを考えて教材を工夫してきました。それは,すべてが理論も何も無いところから生まれてきたプランばかり。「こんなプランでいいのだろうか」と,幾たびも不安にさいなまれました。そのたびに板倉さんの論文を何度も読み返し,西川さんのお話を聞いて自信と勇気を得てきました。仮説実験授業の源泉には徹底した「子ども中心主義」があります。結果的にぼくの選んだ方向性は間違っていなかったのです。板倉さんと西川さんは〈和風ペン立て〉についてきっとこのようにおっしゃるはずです。「〈和風ペン立て〉の授業を子どもたちは歓迎しているのでしょう。そして,この授業に高い評価を与えてくれているのでしょう。それならこの教材はいいに決まっています」と——。

　近年ぼくは,〈和風ペン立て〉のほかにも,〈木彫木箱〉〈絵刻字〉〈木版画〉〈アートガラス〉〈キャラクターのイラストレーション〉など数多くの授業書案・授業プランを仮説実験授業研究会で発表してきました。これらの教材についてもいずれご検討をいただきたいと思っています。

＊

　本書をまとめるにあたって,仮説実験授業の提唱者である板倉聖宣さんの著書からは多くの示唆を受けました。特に感謝をします。授業運営法については,西川浩司さんのお話から多くの示唆を受けました。また,〈キミコ方式〉の提唱者,松本キミ子さんの研究から学んだことは,ぼくの大きな核となっています。

　「仮説実験授業」や「キミコ方式」について関心をもたれた方は,ぜひ関連した書籍を読んでみてください。すでにたくさんの著書が発表されているので,「何から読めばいいのかわからない」という方も少なくないでしょう。そこで2〜3冊,おすすめの本を紹介します。板倉聖宣著『たのしい授業の思想』『教育が生

まれ変わるために』『仮説実験授業の考え方——アマチュア精神の復権』（ともに仮説社），松本キミ子・堀江晴美著『絵のかけない子は私の教師』，松本キミ子著『モデルの発見』（ともに仮説社）。

*

　和風ペン立ての〈製作の手引き〉は，作成した当初から「図や説明は，十分完成度が高いのではないか」と思っていましたが，送っていただいた授業記録や検討会における指摘によって，さらにすっきりとしたものに洗練されていきました。「小さい頃から絵や図工がどうしようもなくダメだった」という日吉 仁さん（佐賀・小学校教師）は，ぼくの研究発表に最も早くから注目し，プランを授業で実践し続けてくださいました。日吉さんの情熱が，ぼくの研究の大きな支えとなりました。

　研究仲間である中西 康さん（三重・小学校教師）にも感謝しなければいけません。仮説実験授業研究会の中では，図工・美術の研究者は「超少数派」です。中西さんの存在なくして，ぼくの研究はここまで発展することはありませんでした。中西夫妻・日吉夫妻には「マネすることのすすめ」を何度も詳しく検討していただきました。

　「授業で大切にしなければいけないこと」を一番明確に教えてくれたのは，ぼくの授業を受けてくれた目の前の子どもたちです。これまでぼくの授業を受けてくれた子どもたち，そして今，ぼくの授業を受けてくれている京都府・日新中学校の子どもたちに感謝したいと思います。そして，ぼくの研究をいつも大切に思ってくれる妻の京子。「子どもとは，こういう認識をするんだよ」と教えてくれる息子の涼介（7歳）にも心から感謝しています。

　さらに，4つ角に貼る型紙のアイディアを教えてくださった山本知代さん他，ここに一人ひとりお名前をあげることはできませんが，様々な形でぼくに多くの閃きやヒント・活力を与えてくださったみなさんに心から感謝します。みなさんの知恵をお借りすることで〈和風ペン立て〉は完成しました。そうしたぼくの仕事を評価し，この本を読みやすくまとめるために工夫を凝らしてくださった仮説社の向山裕美子さんに改めてお礼を申し上げます。

　〈和風ペン立て〉についてお気づきの点があれば，黒田まで（仮説社などを通じて）お知らせくださるようお願いいたします。合わせて授業記録・子どもたちの評価や感想などをお寄せいただければ幸いです。

黒田康夫

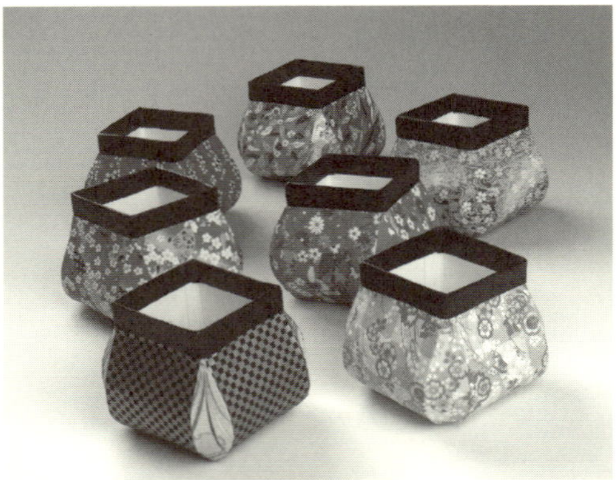

黒田康夫（くろだ・やすお）

1963年10月22日，長崎県に生まれる。

1983年　嵯峨美術短期大学（現,京都嵯峨芸術大学）美術教養科に入学。「美術教員を養成するための学科」と謳っていたため，この学科を選択。

1985年　3校かけ持ちの非常勤講師として美術教師の仕事をはじめる。とにかく「授業でたのしいことをやりたい」という熱い思いだけが先走っていた。

1986年　正式に公立中学校の美術教師となる。4月に書店で『ものづくりハンドブック1』を手にする。同書の広告によって〈キミコ方式〉〈仮説実験授業〉を知る。以後，多数の関連書籍を通じて両者を同時進行で学び始める。「絵を描くことは，たのしく教えられる」というキミコ方式の発想と確かな手立てに感銘を受け，すぐに授業で実践をはじめる。この年の秋に仮説実験授業研究会の会員になり，同研究会で研究資料の発表をはじめる。

2004年　仮説実験授業研究会の研究誌『会員レポート』に研究資料を投稿し，掲載される。それをきっかけとして，〈和風ペン立て〉〈絵刻字〉〈木彫木箱〉など，蓄積してきた授業プランの研究が急速に発展する。

牛乳パックでつくる　**和風ペン立て**

2008年　4月10日　初版（3000部）発行

著者　黒田康夫
©Kuroda Yasuo, 2008. Printed in Japan

発行　株式会社　仮説社
〒169-0075　東京都新宿区高田馬場2-13-7
Tel.03-3204-1779　Fax.03-3204-1781
E-mail：mail@kasetu.co.jp
URL=http://www.kasetu.co.jp/

印刷　平河工業社
用紙　鵬紙業（カバー：OKトップコート＋　表紙：OKアートポスト＋
見返し：新だん紙　本文：ソリスト）

＊無断転載厳禁　　　　　　　　　ISBN978-4-7735-0206-0 C0072
定価はカバーに表示してあります。落丁・乱丁の際はお取り替えします。

大好評 ──────── 仮説社の本

子どもたちと楽しめるクッキングブック
ゆりこさんの おやつだホイ！

「お菓子をラクラク作る秘訣」満載の本。「パウンドケーキの名前の由来」「ゼリーと寒天」「小麦粉の変身のもとグルテン」など，ためになるお話も。作っても読んでも食べてもおいしい１冊！　**税込1680円**

●●● 既刊①〜⑥　各2100円（税込）　好評発売中 ●●●
ものづくりハンドブック シリーズ

楽しいものづくりが満載

『たのしい授業』編集委員会編

　作る過程もできたもので遊ぶときも，とっても楽しいものづくりばかりを集めました！　バラエティにとんだ内容が１冊に何種類もギッシリつまっています。学校で・家庭で，誰でもすぐ作れます。詳しい遊び方も紹介！
1巻：サソリの標本・折り染め・べっこう飴・プラバン・分子模型など。
2巻：ピコピコカプセル・スライム・綿あめ製造器・紙トンボなど。
3巻：ひっこみ思案・紙ひものへび・松ぼっくりのクリスマスツリーなど。
4巻：牛乳パックカメラ・ドライアイスロケット・ガイコツ君など。
5巻：びっくりヘビ・ポップアップカード・炊飯器ケーキなど。
6巻：ふくらむスライム・ムニュムニュ星人・分子カルタ・金属メダルなど。